kosmos *Katzenbibliothek*

Fischer
Perser- und andere Langhaarkatzen
Powell
Das schmeckt meiner Katze
Radke
Wenn Katzen reden könnten...
Rakow
Der homöopathische Katzendoktor
Theilig
So lernt meine Katze
Thies
Europäisch Kurzhaarkatzen und verwandte Rassen
Thies
Katzen ausstellen
Thies
Katzenhaltung – Katzenpflege
Thies
Katzen züchten
Thies
Der Kosmos-Katzenführer
Thies
Siam- und Orientalisch Kurzhaarkatzen

Matenaar
Unsere Kartäuserkatze
Theilig
Unsere Katze

Kosmos Katzen-Kalender

kosmos *Katzenbibliothek*

Dr. med. vet. Barbara Rakow

Der homöopathische Katzendoktor

Naturheilkunde und Naturheilmittel für unsere kranke Katze

Kosmos
Gesellschaft der Naturfreunde
Franckh'sche Verlagshandlung
Stuttgart

21 Farbfotos von der Autorin (11), von der Deutschen Homöopathie-Union (7) und von Hans Reinhard (3)
2 Zeichnungen von Eva Hohrath, 6 Vignetten von Marianne Golte-Bechtle

Umschlaggestaltung von Kaselow Design, München, unter Verwendung eines Fotos von Hans Reinhard

CIP-Kurztitelaufnahme
der Deutschen Bibliothek

Rakow, Barbara:
Der homöopathische Katzendoktor :
Naturheilkunde und Naturheilmittel
für unsere kranke Katze / Barbara Rakow. –
Stuttgart : Franckh, 1986.
(Kosmos-Katzenbibliothek)
ISBN 3-440-05674-0

Franckh'sche Verlagshandlung,
W. Keller & Co., Stuttgart / 1986

Printed in Italy / Imprimé en Italie
L 9sp H rr / ISBN 3-440-05674-0
Satz: G. Müller, Heilbronn
Reproduktion, Druck und Buchbinder:
Grafiche Muzzio, Padua, Italien

Der homöopathische Katzendoktor

Naturheilmittel bei der Katze – Möglichkeiten und Grenzen

Dem allgemeinen Trend folgend wird auch und gerade bei unseren Haustieren in zunehmendem Maße nach der Behandlung mit Naturheilmitteln gefragt.
Katzen reagieren besonders empfindlich auf chemisch hergestellte Medikamente. Bei chronischem Katzenschnupfen, chronischen Harnwegserkrankungen u. a. dämpfen diese oft nur für kurze Zeit die ärgsten Beschwerden, die Langzeitanwendung führt aber zu Organschäden z. B. von Leber und Niere.
So ist es nicht verwunderlich, daß gerade bei der Behandlung der Katze der Wunsch nach Anwendung von Naturheilmitteln bei Tierbesitzern, aber auch bei Tierärzten, immer größer wird.
Dieses Buch soll dem Laien aufzeigen, bei welchen Erkrankungen, wann und unter welchen Umständen eine Therapie mit Naturheilmitteln angezeigt und erfolgversprechend erscheint.
Es kann keineswegs den Weg zum Tierarzt ersetzen, der allein ein krankes Tier fachgerecht untersuchen und die Diagnose stellen kann. Es kann auch keineswegs dringend notwendige Operationen wie einen Kaiserschnitt, eine chirurgische Wundversorgung nach einem Unfall oder eine Blasenoperation bei Steinansammlung ersetzen.
Der Wert des Buches soll darin liegen, bei leichteren Erkrankungen Naturheilmittel einzusetzen, die frei von Nebenwirkungen mit einer den chemischen Arzneimitteln entsprechenden Wirksamkeit sind.
Dabei werden mit Absicht nur solche Erkrankungen und Krankheitsbilder aufgeführt, die auch von einem mit seinen Tieren vertrauten Laien mit einiger Sicherheit erkannt werden können.
Beim Ausbleiben des Behandlungserfolges ist unbedingt das Aufsuchen eines Tierarztes anzuraten, da nur er entscheiden kann, ob es sich um einen verzögerten Wirkungseintritt handelt oder ob vielleicht eine ganz andere Erkrankung vorliegt, als dies nach den äußerlich sichtbaren Symptomen erscheint.
Im wesentlichen werden in diesem Buch *homöopathische* Arzneimittel genannt, daneben einige äußerlich anwendbare Wundheilmittel auf pflanzlicher Basis. Es wurde bewußt auf die Darstellung der übrigen Naturheilverfahren und die nahezu unüberschaubare Zahl der sogenannten phytotherapeutischen, d.h. aus Pflanzen-

extrakten und Tees hergestellten Arzneimittel verzichtet. Sie würden den Rahmen dieses Buches sprengen.

Die Grundprinzipien der homöopathischen Therapie werden in den folgenden Kapiteln in einer auch für Laien verständlichen Form dargestellt. *Die Homöopathie* ist eine genau definierte und klar umrissene Therapieform, die sowohl bei akuten Erkrankungen schnelle Hilfe zu leisten vermag als auch schon länger bestehende Erkrankungen und Veränderungen und chronische Krankheitszustände heilen bzw. lindern kann.

Homöopathische Therapie versteht sich als Regulationstherapie. Die natürlichen Regulations- und Ausheilungsvorgänge, die körpereigenen Abwehrkräfte werden mobilisiert. Die Grenzen dieser Methode sind erreicht, wo Organ- oder Systemveränderungen so weit fortgeschritten sind, daß eine Regulation oder Regeneration nicht mehr möglich ist. Eine völlig degenerierte Leber oder Niere, Nasenschleimhäute ohne regenerationsfähige Oberfläche vermag man daher auch homöopathisch nicht mehr zu heilen.

Der Vorteil der homöopathischen Therapie liegt darin, daß nicht einfach Symptome unterdrückt werden (wie bei der Therapie mit chemischen Medikamenten), sondern Ausheilung und Wiederherstellung der Funktion von erkranktem Gewebe angeregt werden. Homöopathische Arzneimittel sind frei von Nebenwirkungen. Die Tiere sind daher fast immer bei sehr gutem Allgemeinbefinden und beginnen schneller wieder mit der Futteraufnahme. Ihre Krankheit scheint ihnen weniger auszumachen. Auch bei chronischen Veränderungen, wo nicht mehr mit einer vollständigen Ausheilung zu rechnen ist, fühlen sie sich lange Zeit wohl, und das Leben wird ihnen keineswegs zur Qual.

Homöopathische Arzneimittel eignen sich für Hauskatzen wie für Edelkatzen, für Welpen, Jungtiere und alte Tiere, für tragende und säugende Kätzinnen.

Grundgedanken der Homöopathie

Simile-Prinzip

Begründer der Homöopathie war Samuel Hahnemann (1755–1843). Er entdeckte in seinem berühmten Chinarinden-Versuch, daß eine kleine Dosis der Chinarinde bei ihm ein ähnliches Wechselfieber erzeugte wie das, welches er bei seinen Malaria-Schüben immer bekam. Er schloß daraus, daß eine kleine Dosis dieser Chinarinde in der Lage sein müsse, ein solches Fieber zu heilen.
Bekannt wurde dieses Behandlungsprinzip als »Ähnlichkeitsregel«: »Similia similibus curentur«, d.h. Ähnliches wird durch Ähnliches geheilt.
Eine kleine Dosis einer Arznei ist in der Lage, am kranken Menschen ähnliche Symptome zu heilen wie die, die sie am gesunden Menschen erzeugen kann.
Hahnemann nannte diese Therapieform »Homöopathie«. Das Wort leitet sich ab aus dem Griechischen: »homoios« = ähnlich und »pathos« = Leiden.
Die Homöopathie steht damit im Gegensatz zu dem in der Medizin sonst vorherrschenden Prinzip der sogenannten »Allopathie« (allos = anders), das heißt, das einzusetzende Arzneimittel wirkt »anders« als das Leiden, ist der Krankheit entgegengesetzt. Bei Fieber werden beispielsweise fiebersenkende Mittel verabreicht, bei Durchfall stopfende Medikamente usw.
Bei homöopathischer Therapie dagegen bekommt eine fiebernde Katze z. B. Lachesis, das aufgearbeitete Gift einer Schlange, das für sich in der Lage ist, ähnliche Fiebersymptome zu erzeugen, wie wir sie bei der kranken Katze beobachten.

Arzneimittelprüfung/ Arzneimittelbild

Die Fiebersymptome, die z. B. für das homöopathische Arzneimittel »Lachesis« charakteristisch sind, wurden in den sogenannten *Arzneimittelprüfungen* gesammelt. Die Arzneimittelprüfungen wurden und werden auch noch heute an klinisch gesun-

Abb. 2. Samuel Hahnemann (1755–1843), Begründer der Homöopathie

den Menschen durchgeführt in sogenannten Doppelblindversuchen:
Dabei muß der Prüfer über 3 Wochen ein oder mehrere Mittel nach Anweisung einnehmen und nach einem Vordruck ganz genau alle Symptome und Veränderungen aufschreiben, die er an sich bemerkt. Er weiß jedoch nicht, welches homöopathische Arzneimittel er einnimmt oder ob das Mittel überhaupt einen Wirkstoff enthält, da immer eine sogenannte Placebo-Gruppe geführt wird, d. h. ein Teil der Prüfer erhält ein Mittel ohne jede Wirksubstanz (im allgemeinen Milchzucker), um eine größtmögliche Objektivierung zu erreichen. Die genaue Durchführung und vor allem die Auswertung ist recht kompliziert und geht daher über den Rahmen dieses Buches hinaus.
Man erhält bei einer solchen Arzneimittelprüfung z. B. Angaben über die Art und den Verlauf des Fiebers, über zusätzliche Symptome wie Schwäche, Durst, Verschlimmerung zu einer bestimmten Tageszeit, Lymphknotenschwellung, Unruhe oder Ruhe usw.
All diese Symptome zusammen ergeben ein *Arzneimittelbild.*
Dabei unterscheiden sich die Symptome unseres Fiebermittels Lachesis ganz deutlich von den Symptomen eines anderen Fiebermittels, z. B. Belladonna, einem aus der Tollkirsche hergestellten homöopathischen Arzneimittel.
Jedes homöopathische Arzneimittel hat sein eigenes, für das Mittel charakteristisches Arzneimittelbild. Es umfaßt nicht nur sogenannte klinische Symptome wie Fieber, Durchfall, Erbrechen, Schnupfen, Art des Fiebers, des Durchfalls, des Erbrochenen usw., sondern auch sogenannte *Modalitäten* wie Besserung oder Verschlimmerung durch Wärme, Kälte, Nässe, zu einer bestimmten Tages- oder Jahreszeit, durch Bewegung, Ruhe usw. Daneben sind aber auch die sogenannten »Geistes- und Gemütssymptome«, die wir bei Tieren besser Verhaltenssymptome nennen, wesentlicher Bestandteil eines Arzneimittelbildes. So z. B. alle Ängste, wie Angst vor Gewitter, Angst vor dem Alleinsein, Aggressivität gegenüber Artgenossen, den Menschen, Liebebedürftigkeit, Schreckhaftigkeit, Berührungsempfindlichkeit usw.
Bei der Behandlung eines kranken Tieres vergleicht man nun die am Tier gefundenen Symptome mit den Symptomen des in Frage kommenden homöopathischen Arzneimittels. Man wählt zur Therapie das Arzneimittel, das den am kranken Tier gefundenen Symptomen am ähnlichsten ist. Man heilt mit dem »ähnlichsten« Arzneimittel, dem »Simile«, und wendet somit die zuvor beschriebene »Simile-« bzw. »Ähnlichkeitsregel« an.

Potenzierung

Die dritte Säule der Homöopathie (neben der Simile-Regel und der Arzneimittelprüfung als Grundlage für die Arzneimittelbil-

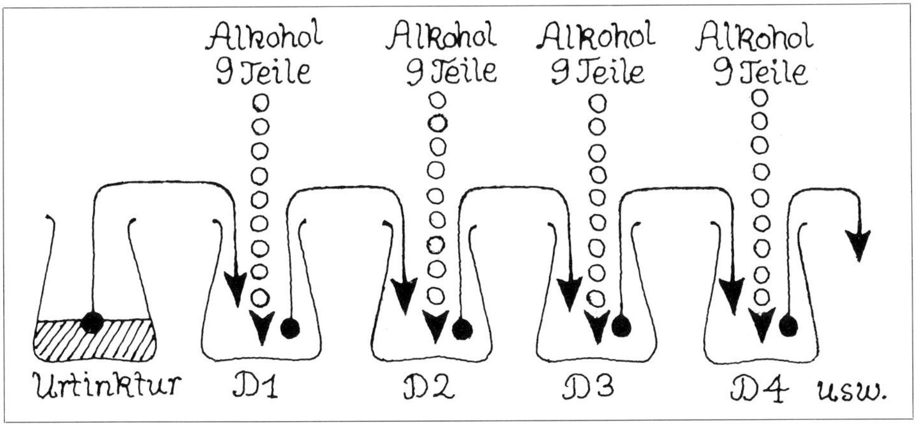

Abb. 3. Prinzip der Potenzierung (D-Potenzen)

der) ist die sogenannte *Potenzierung* der homöopathischen Arzneimittel.
Hahnemann stellte bei seinen Versuchen fest, daß seine Arzneimittel wesentlich besser wirkten, wenn er sie in möglichst kleinen Dosen verabreichte.
So wird auch heute noch 1 Teil einer Urtinktur (das ist beispielsweise der alkoholische Auszug einer Pflanze) verschüttelt mit neun Teilen eines bestimmten, genau festgelegten Alkohols. Durch die vorgeschriebenen 10 kräftigen Schüttelschläge entsteht nicht nur eine einfache Verdünnung, es wird zusätzliche Energie zugeführt. Hahnemann nannte es »Potenzieren«. Die beschriebene erste Potenzierungsstufe enthält den Ausgangsstoff im Verhältnis 1:10 und wird als *D 1* bezeichnet (D – für Dezimalpotenz = 10er Potenz, 1 = 1. Potenzierungsstufe).
1 Teil dieser *D 1* wird nun wiederum mit 9 Teilen des vorgeschriebenen Alkohols verschüttelt und man erhält die *D 2,* die die Ausgangssubstanz im Verhältnis 1:100 enthält. Aus einem Teil der *D 2* wird unter Verschüttelung mit 9 Teilen Alkohol die *D 3* hergestellt usw. Eine *D 6* enthält dann den Ausgangsstoff im Verhältnis 1:1 000 000. In entsprechender Weise können durch Verreibung mit Milchzucker die gleichen Potenzierungsstufen hergestellt werden.
Etwa ab der *D 23* wird die Loschmidt'sche Zahl erreicht, und in der Lösung bzw. Verreibung ist vom Ausgangsstoff kein Molekül mehr enthalten. Dennoch konnte auch die Wirksamkeit dieser sogenannten Hochpotenzen wie *D 30* oder *D 200* nachgewiesen werden. Man geht davon aus, daß die Information des Arzneimittels in der

Lösung bzw. Verreibung enthalten ist und vom Organismus aufgenommen werden kann.
Der endgültige Nachweis über die Wirkungsweise homöopathischer Arzneimittel steht noch aus. Es werden derzeit jedoch sehr interessante Versuche im Bereich der Physik durchgeführt, die erste Ergebnisse gebracht haben. Nicht zuletzt sind die Therapieerfolge beim Tier Beweis für die Wirksamkeit der Methode.
Man weiß auch inzwischen, daß kranke Tiere und Menschen sehr viel empfindlicher auf Arzneimittel reagieren als gesunde Menschen, so daß am Prinzip der Wirksamkeit kleinster Dosen kaum noch Zweifel bestehen.
Grundsätzlich unterscheidet man sogenannte *tiefe, mittlere* und *hohe* Potenzen.

Zu den tiefen Potenzen rechnet man etwa die Potenzstufen von *D 1–D 8,*
zu den mittleren Potenzen etwa die Stufen *D 9 – D 20,*
etwa ab der *D 21* spricht man von Hochpotenzen.

Die Grenzen sind nicht ganz streng zu ziehen und werden auch von den einzelnen Autoren unterschiedlich angegeben.

Für *akute* Erkrankungen nimmt man im allgemeinen eher tiefe Potenzen, für Organ- oder Systemerkrankungen eher mittlere Potenzen, für die Behandlung von chronischen Erkrankungen eher hohe Potenzen. Auch hier gibt es viele Überschneidungen. Vor allem ist bekannt, daß viele Arzneimittel in bestimmten Potenzstufen am wirksamsten sind.

Der Anfänger wird sich daher am besten an die Angaben Erfahrener halten. Letztlich ist es entscheidend, das »Simile«, das ähnlichste Arzneimittel, zu finden!

Zubereitungsformen

Die homöopathischen Arzneimittel können, wie schon zuvor angedeutet, in verschiedenen Zubereitungsformen hergestellt werden:

1. Die alkoholische Verschüttelung, d. h. die flüssige Zubereitungsform oder *Dilution.*
   Sie ist für die Katze nur selten geeignet, da die meisten Katzen den alkoholischen Geschmack nicht mögen und daher die Dilution auch verdünnt mit Wasser oder Futter nicht aufnehmen, eventuell sogar mit Speicheln reagieren.

2. Daneben gibt es die Verreibung mit Milchzucker, die Pulverform oder *Trituration.*

3. Aus der Trituration entstehen nur durch Pressen, ohne weiteren Zusatz, die *Tabletten.*

Abb. 4. Zubereitungsformen homöopathischer Arzneimittel, von rechts nach links: Dilution, Trituration, Globuli, Tabletten

4. Schließlich gibt es noch die »Kügelchen«, die *Globuli,* wie sie in der Fachsprache heißen, die aus Milchzucker hergestellt und dann mit der jeweiligen Potenz nach einem bestimmten Verfahren benetzt werden.

Die drei zuletzt genannten Zubereitungsformen eignen sich sehr gut für die Verabreichung bei Katzen. Die Tabletten sind vielleicht von der Handhabung her am praktischsten, weil sie weder zerstäuben wie das Pulver noch so klein und schwer abzuzählen sind wie die Globuli. Man kann sie zerdrücken und mit Futter oder Wasser mischen oder auch von der Hand lecken lassen oder auf Pfoten und um den Fang herum verteilen, von wo sie dann feinsäuberlich abgeleckt werden.

Welche Darreichungsform man wählt, hängt von den eigenen Erfahrungen, dem Tier und der jeweiligen Krankheit ab. Da alle drei Verabreichungsformen absolut geruchlos sind (bis auf ganz tiefe Potenzen einzelner Mittel) und nur leicht süß, eben nach Milchzucker schmecken, stellt sich das für den Tierbesitzer oft sehr leidige Thema der Medikamentenverabreichung bei der Katze hier nur äußerst selten.

Die am schnellsten und intensivsten wirkende Verabreichung ist sicher die direkte Aufnahme des Arzneimittels über die Mundschleimhäute ohne Vermischung mit Futter o. ä. Sie sollte bei sehr akuten oder

schmerzhaften Erkrankungen gewählt werden. Ansonsten stellt sich der Behandlungserfolg aber auch bei Vermischung mit etwas Futter ein.
Bis auf wenige Ausnahmen sind die homöopathischen Arzneimittel in allen genannten Darreichungsformen herzustellen und zu erhalten.

Dosierung

Die *Dosierung* der homöopathischen Arzneimittel erfolgt nach folgendem Prinzip:

> 1 Dosis für eine erwachsene Katze (oder Kater) =
> 5 Tropfen Dilution oder
> 1 Tablette oder
> 1 Messerspitze Trituration oder
> 5 Globuli

Dies gilt für alle homöopathischen Arzneimittel und alle Potenzstufen in gleicher Weise und wird daher im folgenden Therapieteil nicht mehr gesondert angegeben. Welpen erhalten entsprechend nur $^1/_2$ Dosis.
Wie oft eine Dosis verabreicht wird, ob ein- oder mehrmals täglich, einmal in der Woche oder überhaupt nur einmalig, hängt von der Erkrankung, dem Zustand des Tieres, dem Arzneimittel und seiner Potenz ab.
Grundsätzlich wird bei akuten Erkrankungen und tiefen Potenzen im allgemeinen 1–3 × täglich verabreicht, bei subakuten, organischen Veränderungen 1 × täglich, bei chronischen Erkrankungen und hohen Potenzen wird das Mittel nur in seltenen, sogenannten Einzelgaben gegeben.
Das gilt aber nur als allgemeine Orientierungshilfe, nähere Angaben folgen im Text.

Ausgangsstoffe für homöopathische Arzneimittel

Ausgangssubstanzen für die homöopathischen Arzneimittel können ganz verschiedenen Ursprung haben:

> *Aus dem Pflanzenreich* stammen z.B. Belladonna, die Tollkirsche; Aconitum, der Eisenhut; Arnica, der Bergwohlverleih; Calendula, die Ringelblume.
>
> *Aus dem Tierreich* kommen Arzneimittel wie Lachesis, das Gift einer Viper; Sepia, aus dem Tintenfisch; Apis, aus der Biene; Cantharis, aus der sogenannten Spanischen Fliege (einem Käfer).
>
> *Aus dem Mineralbereich* kommen Arzneimittel wie Silicea, die Kieselsäure; Calcium carbonicum, Calcium phosphoricum, Calcium fluoratum, die Calcium-Salze;
> Phosphorus; Sulfur = Schwefel.

Schließlich gibt es noch sogenannte *Nosoden,* die aus abgetöteten Krankheitserregern hergestellt werden, aber bei der Behandlung von Tieren noch keine große Bedeutung erlangt haben.

Alle werden nach den zuvor beschriebenen Potenzierungsverfahren aufbereitet und nach der Simile-Regel angewandt.
Mit welchem Alkohol potenziert wird, wie die Ausgangssubstanz zur Urtinktur aufbereitet wird, welche Teile einer Pflanze beispielsweise verwendet werden und zu welchem Zeitpunkt im Jahr sie entnommen werden, ist im Deutschen Homöopathischen Arzneibuch gesetzlich festgelegt und genau vorgeschrieben.

Soweit die wichtigsten Grundbegriffe und Prinzipien der Homöopathie, deren Kenntnis notwendig ist, um den Therapieteil zu verstehen und erfolgreich anwenden zu können. Zur besseren Übersicht wurden die genannten Begriffe und Definitionen im folgenden nochmals in Kurzform zusammengefaßt.

Zusammenfassung der wichtigsten Begriffe

Homöopathie: Kommt aus dem Griechischen: »homoios« = ähnlich, »pathos« = Leiden
Allopathie: Griech.: »allos« = anders, »pathos« = Leiden
Simile: das ähnlichste Arzneimittel
Ähnlichkeitsregel: Similia similibus curentur = Ähnliches wird durch Ähnliches geheilt
Arzneimittelprüfung: Erfassung der am gesunden Menschen durch ein bestimmtes homöopathisches Arzneimittel hervorgerufenen Symptome
Arzneimittelbild: Gesamtheit der für ein bestimmtes homöopathisches Arzneimittel charakteristischen Symptome
Potenzierung: Verschüttelung bzw. Verreibung von homöopathischen Arzneimitteln mit Alkohol bzw. Milchzucker nach einem genau vorgeschriebenen Verfahren, bei den sogenannten D-Potenzen im Verhältnis 1:10
Urtinktur: Alkoholischer Auszug eines homöopathischen Arzneimittels = Ausgangsform für die Potenzierung
Dilution: Flüssige Verabreichungsform (Tropfen)
Trituration: Pulver
Tabletten: Werden durch Pressen aus der Trituration hergestellt
Globuli: »Kügelchen«
1 Dosis: (für die Katze) = 1 Tablette oder 1 Messerspitze Trituration oder 5 Globuli oder 5 Tropfen Dilution

Kleine medizinische Fibel

Die gesunde Katze

Vor der Darstellung von Krankheiten und krankhaften Veränderungen sei hier ganz kurz auf *das gesunde Tier* eingegangen. Sicher weiß jeder Tierbesitzer, wie sich sein Tier normalerweise, d. h. im gesunden Zustand verhält, aber oft ist er sich dieser Verhaltensweisen, Gewohnheiten und des Aussehens nicht bewußt. Krankhafte Veränderungen und vor allem der *Beginn* einer Erkrankung lassen sich nur dann rechtzeitig erkennen, wenn man seine Katze bewußt beobachtet. Die folgenden Anmerkungen sind hilfreich auch für die Fälle, wo man vielleicht ein Tier, das Freunden oder Bekannten gehört, für ein paar Tage beaufsichtigt oder wenn man eine Katze findet.
Eine gesunde Katze hat ein glänzendes, glattes Fell. Sie beobachtet aufmerksam ihre Umgebung, bewegt sich locker, ohne Schmerzen, springt ohne Schwierigkeiten. Sie hat einen bestimmten Tagesrhythmus mit Phasen der Ruhe, der Bewegung, des Spielens bei jungen Tieren, des Spazierengehens bei Katzen, die sich im Freien bewegen können, und der ungestörten Futteraufnahme.
Kot- und Harnabsatz erfolgen regelmäßig, ohne Anzeichen von Schmerzen. Der Kot ist je nach Fütterung mehr hell- oder dunkelbraun und geformt. Der Urin sollte eine helle, gelbliche Farbe haben und keine Blutbeimengung, Schleim oder Grieß enthalten und in größeren Mengen abgesetzt werden können.
Auch Katzen sollten Mahlzeiten bekommen und nicht ständig Futter im Napf stehen haben. Eine gesunde Katze frißt ihr gewohntes Futter mit Appetit und ist nicht allzu wählerisch.
Die Fütterung einer Katze richtet sich nach Alter und Rasse des Tieres, nach den Möglichkeiten und Gewohnheiten von Katze und Besitzer.
Es würde den Rahmen dieses Buches sprengen, auf alle Fütterungsfragen genau einzugehen, daher hier nur einige grundsätzliche Anmerkungen:
Jede Katze soll das Futter bekommen, das sie am besten verträgt, d. h. bei dem keine Verdauungsstörungen wie Erbrechen, Durchfall oder Verstopfung auftreten oder das Fell matt, schuppig oder fettig wird. Dabei sollte jeder Tierbesitzer selbst entscheiden, ob er seiner Katze selbst ange-

Abb. 5. Ein rundum gesundes junges Hauskätzchen

machtes, frisches Futter etwa aus Hackfleisch (möglichst nur Rind), Rinderherz, Innereien wie Leber, Niere oder Lunge (Lunge enthält wenig Nährstoffe) und Haferflocken oder Reis – eventuell unter Zusatz von etwas Gemüse – gibt oder lieber auf ein sogenanntes industriell hergestelltes Fertigfutter in Dosen verschiedenster Zusammensetzung, Soft- oder Trockenfutter zurückgreift. Fast alle Fertigfutter haben den Vorteil, daß ihre Bestandteile nach ernährungswissenschaftlichen Erkenntnissen zusammengesetzt sind und daher Eiweiß, Fett, Kohlenhydrate, Mineralstoffe und Vitamine in einer für die Katze entsprechenden Menge und Zusammensetzung enthalten.

Ein Nachteil vieler Fertigfutter ist, daß sie sehr nährstoffreich sind und Geschmacksstoffe enthalten, die die Aufnahme des Futters durch die Katze fördern. Dies führt häufig dazu, daß, besonders bei überwiegend im Haus lebenden und sterilisierten Tieren, die keinen so hohen Energieverschleiß durch tagelanges Herumstreunen haben, viel mehr Futter aufgenommen wird, als dem Energiebedarf entspricht, und die Tiere daher sehr zur Fettleibigkeit neigen. Die Tiere werden von dem auf wenig Masse viel hochverdauliche Nährstoffe enthaltenden Futter nicht satt und nehmen daher oft die doppelte bis dreifache Menge des tatsächlichen Energiebedarfes auf.

In diesen Fällen hilft nur die Disziplin und Vernunft des Besitzers, der das Futter dann genau abwiegt und einteilt. Günstig wirkt sich auch der Zusatz von einfachen Haferflocken aus, die mehr sättigen, da sie im Darm aufquellen, einen günstigen Elektrolytgehalt, aber für die erwachsene Katze wenig verwertbare Kalorien enthalten. Auch der Zusatz von Reis hat sich bewährt, ist aber arbeitsaufwendiger, da er ja gekocht werden muß, zudem ist der Mineralstoffgehalt geringer.

Grundsätzlich ist jede einseitige Fütterung zu vermeiden. Eine Katze, die nur Leber, nur Hackfleisch oder nur Fisch frißt, ist unzureichend ernährt, da Fleisch, Fisch und Leber zwar ausreichend Eiweiß, aber kaum Ballaststoffe oder Mineralstoffe enthalten. Das Wort »Fleischfresser« wird hier oft falsch interpretiert. In der freien Natur ernähren sich Katzen ja keineswegs allein von Muskelfleisch, sondern sie fressen ihre Beutetiere, wie die Mäuse, ja ganz, d. h. mit Innereien, Haut und Haaren und dem Darminhalt der Tiere, die überwiegend Pflanzenfresser sind und vornehmlich Ballaststoffe im Darm haben. Diese Tatsache müssen wir bei unserer Fütterung berücksichtigen. Weiterhin sollten Katzen nie ausschließlich mit Trockenfutter ernährt werden, da dieses die Darmfunktion in weit höherem Maße beansprucht als andere Futterarten. Zudem haben die meisten Katzen eher wenig Durst und nehmen das für die Aufschließung des Trockenfutters notwendige Wasser nicht in ausreichendem Maße auf. Daraus ergeben sich auf Dauer häufig Probleme mit der Verdauung, sei es in Form von chronischen Verstopfungen, Neigung zu Erbrechen und vor allem Störungen der Nierenfunktion. Das beim Ka-

ter gefürchtete Blasen-Nierensyndrom mit Grießbildung tritt bei Tieren, die ausschließlich mit Trockenfutter ernährt werden, besonders häufig auf.
Es liegt mit am Besitzer, seine Katze von Anfang an an verschiedene Futtermittel zu gewöhnen. Hat eine Katze erst einmal bestimmte Gewohnheiten angenommen, so ist sie nur schwer davon abzubringen und im Krankheitsfalle zu keiner Diät bereit. Dadurch werden viele Behandlungen unnötig erschwert und Erkrankungen des Verdauungsapparates heilen langsamer aus. Sollte Ihre Katze nun aber schon feste Gewohnheiten angenommen haben und sich nur von Trockenfutter ernähren, so kann zur Umstellung eine für alle Teile harte, aber wirkungsvolle dreitägige Hungerkur hilfreich sein. Mit hungrigem Bauch ist auch eine Katze nicht mehr so wählerisch! Sollte auch diese Maßnahme nicht zum Erfolg führen oder nicht durchführbar sein, so ist das Trockenfutter wenigstens eine halbe Stunde vor der Fütterung in Wasser einzuweichen, damit eine ausreichende Wasseraufnahme gewährleistet ist.
Ein weiterer häufiger Grund für Fehlernährung und dadurch bedingte Erkrankungen ist die Verabreichung von Milch und Essensresten an Katzen, die besonders in ländlichen Gegenden weit verbreitet ist.
Milch ist als Nahrungsmittel für eine erwachsene Katze wenig geeignet, da die dafür notwendigen Verdauungsstoffe nur von Welpen produziert werden. Unverdünnte Milch führt daher bei den meisten Katzen zu Durchfall und Blähungen. Katzen, die fast ausschließlich im Freien leben und sich überwiegend von Mäusen ernähren, vertragen Milch oft gut, ja scheinen sie geradezu zu benötigen, um eine Verstopfung durch die Haare und Knochen der verschlungenen Mäuse zu verhindern. Bei diesen Tieren und immer dann, wenn durch verdünnte Milch jedoch keine Verdauungsstörungen oder Schuppen im Fell auftreten, ist gegen die Verabreichung nichts einzuwenden.
Die Fütterung von Essensresten macht besonders bei sehr jungen Tieren Probleme. Die viele Gewürze enthaltenden Soßen werden zwar gerne aufgenommen, führen aber zu einer Unterfunktion der Bauchspeicheldrüse, die sich in ständigen, hellen Durchfällen andeutet, oder bei älteren Tieren zu Leber- und Nierenstörungen. Die leicht verdaulichen Kohlenhydrate von Kartoffeln und Nudeln fördern bei allen Fleischfressern Fehlgärungen der Darmflora und damit Blähungen und Durchfall. Daß Süßigkeiten, Kuchen und Plätzchen keine Nahrungsmittel für Katzen sind, dürfte sicher bekannt sein. Obst und Gemüse dagegen sind durchaus wünschenswert, werden aber meist verachtet.

Die kranke Katze

Erstes Krankheitszeichen ist für den Tierbesitzer meist die fehlende oder mangelnde Aufnahme des gewohnten Futters. Sie

Abb. 6. Fiebermessen

kann zufällig und bedeutungslos sein, sollte aber immer Anlaß zu verstärkter Beobachtung des Tieres geben.

Deutlich sichtbare und wegen ihrer unangenehmen Begleiterscheinungen oft alarmierende Krankheitszeichen sind Erbrechen oder Durchfall. Während das Erbrechen von sogenanntem »Gewölle«, einem Konglomerat aus beim Putzen abgeschluckten Haaren, ein- bis zweimal im Monat als »normal« (physiologisch) anzusehen ist und auch das Erbrechen von zu hastig aufgenommenem Futter kein Anlaß zur Besorgnis sein muß, ist häufiges Erbrechen ein sicheres und ernst zu nehmendes Krankheitszeichen.

Auch ein Durchfall, der länger als einen Tag besteht und nicht durch die Aufnahme von zu viel roher Leber oder Milch bedingt ist, erfordert neben einer geeigneten Diät eine gründliche Untersuchung und Behandlung.

Weiterhin sind alle Krankheitserscheinungen ernst zu nehmen, die mit einer auffallenden Schwäche und Abgeschlagenheit des Tieres einhergehen, das nicht mehr nach draußen will, nicht spielen und nicht laufen will, auf seine Umgebung kaum noch reagiert.

Hier sollte die Körpertemperatur im After mit einem schmalen Fieberthermometer, wie wir es für Säuglinge kennen, gemessen werden, ein nicht immer ganz leichtes Unterfangen (s. Abb. 6). Die normale Köpertemperatur einer Katze liegt zwischen 38,0 und 39,0 Grad Celsius. Temperaturen über 39,5 und unter 38,0 erfordern unbedingt eine Untersuchung durch den Tierarzt.

Weitere sichere Krankheitsanzeichen sind wässrige oder trübe Augen, häufiges Niesen, Schnorcheln, Husten, Speicheln und das Vorfallen der sogenannten Nickhaut, dem dritten Augenlid der Katze. Diese, vom nasalen Augenwinkel ausgehende »Haut« schiebt sich dann mehr oder weniger weit über die Hornhaut (s. Abb. 7). Die Tiere machen einen sehr kläglichen, für die Tierbesitzer oft furchterregenden Eindruck. Die Sorge, daß die Augen der Katze zerstört seien, ist fast immer unbegründet. Dennoch ist das Vorfallen des dritten Augenlides ein ernst zu nehmendes Krankheitszeichen. Zusammen mit eitrigem Augenausfluß und Fieber kann es ein Hinweis auf das Vorliegen schwerer Viruskrankheiten, z. B. der Katzenseuche oder eines Katzenschnupfens sein. Daneben führen In-

fektionen anderer Organsysteme, aber auch Vergiftungen und Wurmbefall zu dieser Veränderung. Bei länger bestehendem Vorfall der Nickhaut sollte an Leber- oder Nierenerkrankungen gedacht werden oder eine Blutuntersuchung auf Katzenleukose oder Feline infektiöse Peritonitis (einer Viruserkrankung mit häufig schleichendem Verlauf, die vorwiegend zur Erkrankung von Brust- und Bauchfell und zu Leberveränderungen führt) durchgeführt werden.
Einseitiger Vorfall der Nickhaut deutet meist auf eine Erkrankung des Auges selbst hin, z. B. eine Bindehaut- oder Hornhautentzündung, Fremdkörper o. ä. Auch hier ist eine gründliche Untersuchung und Abklärung der Krankheitsursache durch den Tierarzt dringend anzuraten.
Auf äußere Verletzungen, eitrige Entzündungen der Haut usw. wird im Kapitel »Verletzungen« (s. Seite 24 ff.) ausführlich eingegangen.

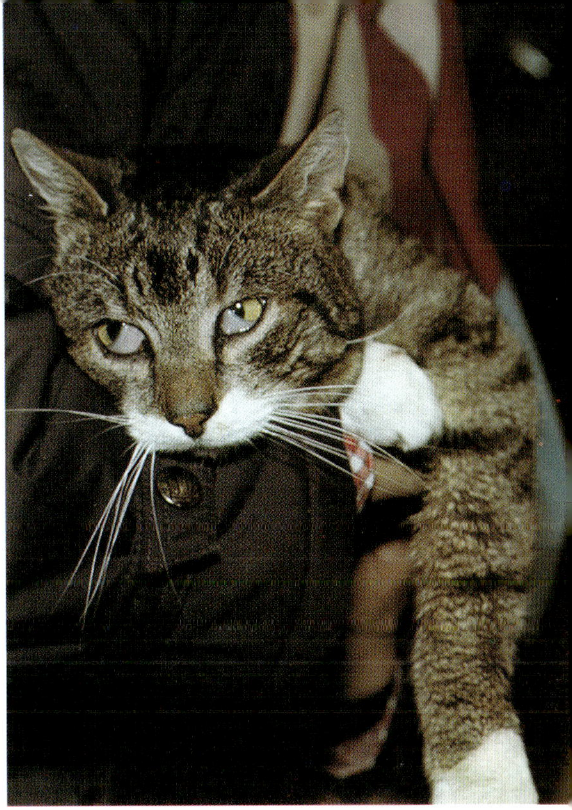

Abb. 7. Vorgefallenes drittes Augenlid (Nickhaut), Anzeichen einer Erkrankung, besonders ausgeprägt bei Fieber und beginnendem Schnupfen

Umgang mit kranken Katzen/ Ernährung von kranken Katzen

Kranke Katzen sollten nach Möglichkeit im Haus, wenigstens in einem Kellerraum oder sonst einem geschlossenen Raum untergebracht werden, damit eine genaue Beobachtung des Tieres gewährleistet ist. Nur so läßt sich feststellen, ob die Katze Nahrung aufnimmt und wie Kot und Harn beschaffen sind. Zudem haben kranke Katzen oft das Bestreben, sich zu verkriechen. Besonders im Herbst und Winter werden Kälte und Nässe dann sicher nicht zur Heilung beitragen.
Weiterhin sollten kranke Katzen nicht zwangsweise gefüttert werden. Die man-

gelnde oder fehlende Futteraufnahme ist ja Symptom der Krankheit. Das Anbieten von allen möglichen, meist ungeeigneten Nahrungsmitteln wie Wurst, Braten, Kuchen, rohen Eiern macht die Katze keineswegs gesund, sondern führt ganz im Gegenteil oft erst recht zu Erbrechen.

Es ist leider eine weitverbreitete Meinung, daß ein krankes Tier unbedingt fressen müsse. *Dies ist absolut falsch!*

Wenn ein krankes Tier keine oder nur wenig Nahrung aufnimmt, so wird dadurch der Stoffwechsel des Organismus, die Leber- und Nierenfunktion entlastet. Der Organismus kann sich besser auf die Auseinandersetzung mit Krankheitserregern, den Abbau von Blutergüssen nach Verletzungen, auf die Wiederherstellung der Organfunktionen nach Vergiftung, nach Aufnahme von verdorbener Nahrung oder nach Operationen einstellen. Somit ist die fehlende Nahrungsaufnahme einerseits ein sicheres Krankheitszeichen, andererseits aber zunächst als »gesunde« und sinnvolle Reaktion des Organismus anzusehen und sollte daher nicht künstlich durchbrochen werden.

Katzen mit sehr starkem Katzenschnupfen riechen nichts und nehmen daher aus diesem Grund keine Nahrung auf.

Hier kann es ausnahmsweise einmal angezeigt sein, bei wiederhergestelltem Allgemeinbefinden eine Fütterung von stark riechender Nahrung wie z. B. Fisch zu versuchen oder auch tatsächlich der Katze versuchsweise einige Bröckchen Fleisch vorsichtig einzugeben.

Anders sieht es aus mit der Aufnahme von Flüssigkeit, die bei allen Erkrankungen, besonders aber bei hohem Fieber, sehr wichtig ist. Hier ist eine Kontrolle der tatsächlich aufgenommenen Flüssigkeitsmenge unbedingt notwendig. Eine Katze kann tagelang ohne Futter, aber nicht ohne Flüssigkeitsaufnahme auskommen. Es kommt dann zur Austrocknung, der sogenannten Exsikkose, mit nachfolgendem Nierenversagen. Daher muß eine Katze, die mehr als einen Tag auch keine Flüssigkeit aufnimmt, unbedingt in tierärztliche Behandlung.

Eine zwangsweise Eingabe von Wasser oder Tee ist meist nicht angezeigt, da dadurch häufig Erbrechen mit noch größerem Flüssigkeitsverlust ausgelöst wird.

Beginnt die Katze mit der Nahrungsaufnahme, so ist darauf zu achten, daß bei fast allen Erkrankungen eine leicht verdauliche Nahrung aus wenig Fleisch, gemischt mit etwas Salz und Haferflocken oder Reis, bzw. wenig Dosenfutter (möglichst »mit Rind«), gemischt mit Haferflocken oder Reis, am besten bekömmlich sind, soweit nicht eine Spezialdiät, etwa bei Harngrieß, notwendig ist. Reine Fleischfütterung, Gaben von rohem oder gekochtem Ei oder Eigelb, Traubenzucker usw. sind meist *nicht* angezeigt und können wegen der Eiweißbelastung des Organismus zu einem Rückfall oder Erbrechen führen. Allenfalls kann man probieren, ob die Katze vielleicht ein Bröckchen Fleisch der Diät vorziehen würde. Man sollte dabei aber bedenken, daß für eine normal große, erwachsene

Katze 80–100 g Fleisch genügen, um den Eiweißbedarf eines Tages zu decken! Jedes Gramm mehr kann gerade beim genesenden Tier zur Belastung werden. Dies gilt besonders für ältere Tiere ab 6 Jahren, deren Nieren für Störungen meist sehr anfällig sind.

Ein krankes Tier braucht weiterhin zwar erhöhte Fürsorge und Pflege, in erster Linie aber viel Ruhe. Man sollte die Katze möglichst an ihrem gewohnten Platz belassen, aber dafür Sorge tragen, daß Unruhe durch Personenverkehr, durch kleine Kinder, die durch ständiges Streicheln und Herumtragen das Tier mehr strapazieren als pflegen, vermieden wird. Sonst ist die Umquartierung in einen abgelegeneren Raum sicher für das Tier am besten.

Kleine Katzenwelpen können natürlich nicht alleine bleiben, aber auch sie sollten einen Korb oder eine kleine ausgelegte Kiste haben, in die sie sich zurückziehen und ihrem Schlafbedürfnis nachkommen können.

Zuletzt sollte man noch berücksichtigen, daß eine Erkrankung auch zu Verhaltensänderungen führen kann. Besonders ältere Tiere sind dann oft recht eigensinnig. Manche wollen nicht gern angefaßt oder hochgehoben werden, möglicherweise, weil es ihnen Schmerzen bereitet. Andere wiederum suchen die ständige Nähe oder den Kontakt zum Menschen, wollen gestreichelt, bedauert werden oder den schmerzenden Bauch gerieben bekommen. Katzen mit einer schweren Gehörgangsentzündung oder Augenentzündung können nicht ohne weiteres einsehen, daß die Behandlung mit den entsprechenden Tropfen oder der Salbe gut für sie sein soll, und wehren sich heftig. Hier ist oft ein beherztes Zugreifen im Interesse des Tieres notwendig.

Man sollte diese Verhaltensweise nicht unbedingt unterstützen, aber doch respektieren und vor allem Kinder zu Rücksicht und Vorsicht im Umgang mit dem kranken Tier anleiten. Man darf es schließlich nicht als Bösartigkeit ansehen, wenn eine Katze, die beim Hochheben Schmerzen empfindet, mit Fauchen, Kratzen oder auch Beißen reagiert.

Behandlung mit homöopathischen Arzneimitteln

Verletzung, Wundbehandlung, Unfall

Verletzungen der Haut, überhaupt jede Wundbehandlung ist eine gute Einsatzmöglichkeit für homöopathische Arzneimittel. Die wichtigsten »homöopathischen Wundheilmittel« sind auch für den weniger erfahrenen Laien relativ leicht erlernbar, ihre Anwendung nicht besonders schwierig und der Erfolg in kurzer Zeit sichtbar.
Das homöopathische, auf Wiederherstellung von Gewebe und Funktion ausgerichtete Behandlungsprinzip hat bei der Wundbehandlung große Erfolge. Hier müssen Blutergüsse abgebaut und verletztes Gewebe regeneriert bzw. ersetzt werden.
Bei tiefen Wunden oder Schnittverletzungen über 2 cm Länge ist eine chirurgische Versorgung (Naht) der frischen Wunde Voraussetzung für eine schnelle und komplikationslose Wundheilung. In diesen Fällen, ebenso wie nach Unfällen bei Verdacht auf einen Knochenbruch oder auf innere Verletzungen bzw. Blutungen muß selbstverständlich der Tierarzt aufgesucht werden.

Oft genug jedoch kommen die Katzen erst nach einem halben Tag oder Tag mit Schrammen und Beulen nach Hause, oder äußere Umstände machen eine Erstversorgung durch den Tierbesitzer notwendig.
Kommt eine Katze beispielsweise mit einer leicht blutenden Wunde an der Hinterpfote nach Hause, so gilt es als erstes, *Ruhe zu bewahren!*
Bedenken Sie, daß eigene Aufregung und Nervosität das meist schon verschreckte Tier noch mehr verunsichern. Dies äußert sich dann in einem unkontrollierten Herumspringen, Kratzen und eventuell sogar Beißen. Versuchen Sie zunächst, das Tier von unten zwischen den Vorderbeinen (s. Abb. 8) oder auf den Arm zu nehmen und

Abb. 8. Haltegriff zum Hochheben der Katze

Abb. 9 u. 10. Nackengriff und Halten der Vorderbeine (wichtig: Zeigefinger faßt zwischen die Vorderbeine) zum Fixieren der Katze auf dem Untersuchungstisch

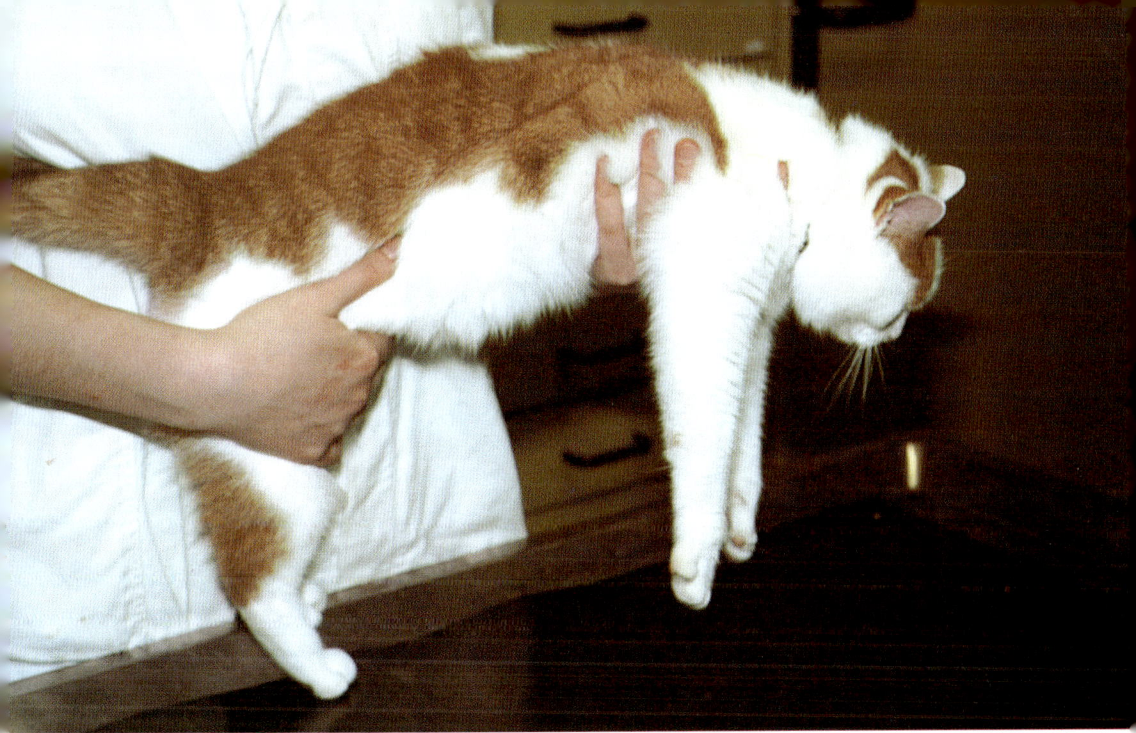

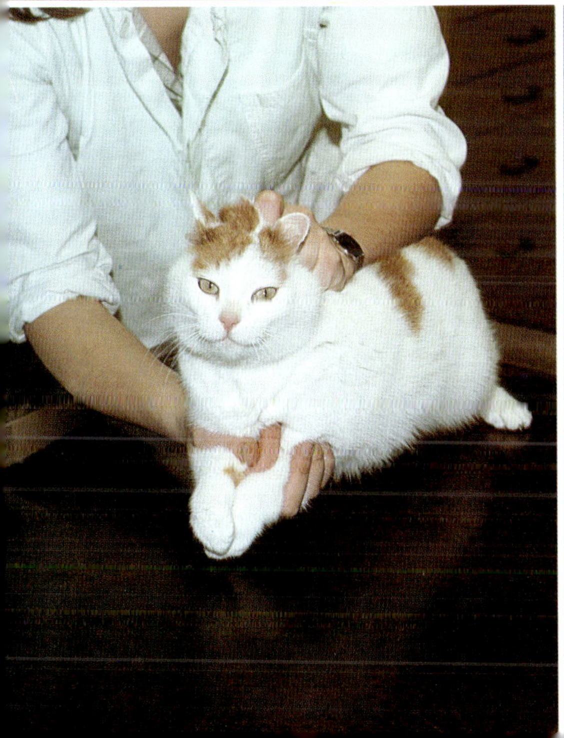

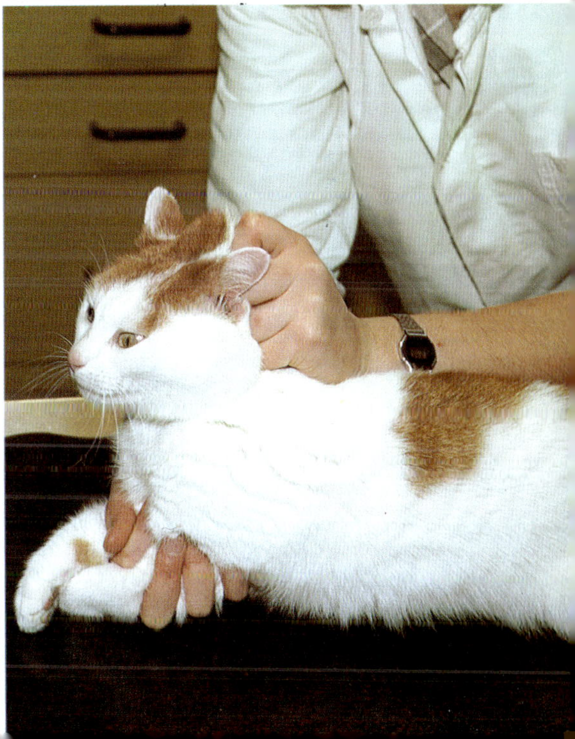

Abb. 11. Calendula officinalis, die Ringelblume, wirkt reinigend und desinfizierend und fördert die Ausheilung von Wunden.

es auf einen möglichst gut zu beleuchtenden Tisch oder eine Platte zu setzen.

Versuchen Sie nun, das Tier mit dem Nakkengriff (s. Abb. 9 u. 10) und Halten der Vorderbeine zu fixieren. Nun schauen Sie die Wunde so genau wie möglich an und versuchen festzustellen, ob nur die Haut oder auch tiefer gelegene Gewebsschichten verletzt sind.

Bei oberflächlichen Wunden erfolgt die Wundreinigung folgendermaßen:

Frische Wunden

Verklebte Haare und Krusten werden vorsichtig weggeschnitten. Frische, rot aussehende, wenig verschmutzte Wunden reinigt man mit einer verdünnten *Arnica-Tinktur,* z.B. »Arnica-Extern«. Dazu werden ca. 15–20 Tropfen der Tinktur auf einen Eßlöffel Wasser (am besten in einem alten Eierbecher oder sonstigen kleinen Gefäß) verdünnt und dann eine Mullplatte (möglichst nicht mit Watte, da diese fusselt) getränkt und die Wunde bzw. die Wundränder gereinigt. Die *Arnica-Tinktur* wirkt nicht nur reinigend, sondern auch schmerzlindernd und fördert die Wundheilung.

Ältere oder verschmutzte Wunden

Ist die Wunde bereits etwas älter oder stärker verschmutzt, verschmiert oder verklebt, so nimmt man besser *Calendula-Tinktur,* z.B. als »Calendula-Extern«, die aus der Ringelblume hergestellt wird. Sie wird in der gleichen Weise verdünnt und angewandt wie die *Arnica-Tinktur. Calendula,* die Ringelblume (Abb. 11), wirkt nicht nur wundreinigend, sondern auch keimhemmend und damit desinfizierend. Sie hat ihre beste Wirkung, wie schon gesagt, bei älteren und infizierten Wunden, wenn zerstörtes oder abgestorbenes Gewebe entfernt und die Neubildung von Zellen, die sogenannte Granulation angeregt werden soll.

Nach der Wundreinigung kann man entsprechende Salben auf die Wunden auftragen, also bei frischen, rot aussehenden Wunden *Arnica-Salbe*, bei älteren oder verschmutzten Wunden *Calendula-Salbe*. Dabei ist allerdings zu berücksichtigen, daß von einzelnen Tieren bestimmte Salben nicht geduldet werden oder Juckreiz verursachen. Man sollte dann die Wunde nach Möglichkeit unter einen gepolsterten Verband nehmen, der nicht immer einfach anzulegen ist. Bei sehr empfindlichen Tieren hat sich besonders bei Schürfwunden auch das *Hypericum-Öl* = Johanniskrautöl bewährt, das äußerst mild, schmerzlindernd und juckreizhemmend ist. Man trägt es mit dem Finger 2–3 × täglich ganz dünn auf die Wunde auf.
Das intensive Ablecken der Wunden, im Volksmund als heilungsfördernd angesehen, führt oft zu enormen Hautreizungen, da die Tiere weit mehr lecken, als für die Wundreinigung erforderlich. Man sollte es daher nach Möglichkeit verhindern.
Mit diesen wenigen Mitteln kann man in vielen Fällen kleinere Wunden erfolgreich selbst behandeln und vor allem schmerzhafte Wundinfektionen verhindern.

Bißverletzungen

Ein besonderes Problem stellen Bißverletzungen dar, die gehäuft im Frühjahr und Sommer, zur sogenannten Ranzzeit, vornehmlich bei unkastrierten Katern auftreten.
Nach mehrtägigem Ausbleiben kommt der »Held« abgemagert, ausgehungert, zerzaust und zerbeult nach Hause.
Manchmal findet man die verkrusteten Bißstellen gleich und kann sie mit *Calendula-Tinktur* reinigen. Es ist wichtig, daß die Wunde offen bleibt bzw. der Wundkanal wieder neu eröffnet wird, damit das Sekret nach außen abfließen kann. Da die Zähne ja nie steril sind und zudem durch den Biß oft Haare oder Hautteile mit in die Tiefe der Wunde gedrückt werden, ist eine Bißwunde stets als infiziert anzusehen. Bei einer Bißwunde müssen immer zwei Wundstellen vorhanden sein und es ist daher wichtig, nach der zweiten Stelle, die oft sehr klein ist, zu suchen. Ist der Bißkanal sehr tief, sollte am besten eine Wundspülung durch den Tierarzt erfolgen.

Abszeß-Bildung und eitrige Wunden

Häufig kommt es nun aber vor, daß eine Bißstelle oder alte Verletzung als solche gar nicht mehr genau auszumachen ist und sich statt dessen eine mehr oder weniger große, schmerzhafte Anschwellung z. B. einer Kopfseite, eines Beines, einer Pfote oder auch am Hals gebildet hat.
Hier ist es zu einer eitrigen Entzündung gekommen, die sogar zu einer allgemeinen Infektion mit Fieber führen kann. Die Wundöffnung ist in diesen Fällen sehr klein, es kommt zum vorzeitigen Wundverschluß, das Sekret kann nicht abfließen,

und so bilden sich z.T. recht erhebliche Mengen Eiter. Dieser kapselt sich ab und reift zu einem Abszeß, der spontan aufgehen kann oder aber chirurgisch eröffnet werden muß. Das Stadium der Eiterbildung und beginnenden Abkapselung mit Allgemeininfektion und Fieber ist äußerst schmerzhaft. Die Tiere lassen sich kaum oder gar nicht mehr an der angeschwollenen Stelle anfassen, sind äußerst mißmutig, nehmen keine Nahrung auf.

Es gilt nun, diesen Prozeß zu beschleunigen, um eine möglichst schnelle Abkapselung und Abszeßreifung zu erreichen.

Ein abgekapselter, eröffneter und gespülter Abszeß befreit das Tier von seinen Schmerzen und der Gefahr der Sepsis.

Ein ausgezeichnetes homöopathisches Arzneimittel für alle Eiterungsprozesse, die mit großer Schmerzhaftigkeit und Berührungsempfindlichkeit einhergehen, ist *Hepar sulfuris,* die sogenannte Kalkschwefelleber. Bei der Katze hat sich die *D 8* am besten bewährt. Man gibt sie 2–3 × täglich für 2–3 Tage. Spätestens in dieser Zeit muß es zur Abkapselung oder bei sehr geringen Eiterungen zur Resorption durch den Organismus gekommen sein, sonst war das Mittel nicht angezeigt oder muß von einem anderen gefolgt werden.

Dabei ist es ganz gleichgültig, ob die Eiterung am Kopf, am Hals, am Bein, an der Pfote oder wo auch immer sitzt. *Hepar sulfuris* ist immer dann angezeigt, wenn es sich um eine akute Eiterung mit hoher Schmerzhaftigkeit und Berührungsempfindlichkeit handelt.

Nur zur Ergänzung sei gesagt, daß bei weniger akutem Verlauf und weniger ausgeprägter Schmerzhaftigkeit ein weiteres homöopathisches Arzneimittel in Frage kommt, nämlich *Myristica sebifera*, von einem aus Brasilien stammenden Baum, das meist in der *D 3*, 2 × täglich 1 Tablette für 3–8 Tage gegeben wird.

Doch kommen wir zurück zum Abszeß: Den offenen oder eröffneten Abszeß spült man am besten mit verdünnter *Calendula-Tinktur* wie zuvor beschrieben, falls nicht eine Behandlung durch den Tierarzt erforderlich ist.

Wichtig ist, daß die Abszeßöffnung immer offen bleibt, damit Sekret und Gewebsreste nach außen gelangen können.

Zusätzlich kann man die Wundränder mit *Calendula-Salbe, Hypericum-Öl* oder auch *Lebertransalbe* behandeln, um das Gewebe geschmeidig zu halten und den Juckreiz zu vermindern.

Nachbehandlung des Abszesses

Die Ausheilung der Abszeßhöhle erfolgt oft ohne weitere Therapie innerhalb von wenigen Tagen. Gerade bei Katzen kommt es aber häufiger vor, daß die Ausheilung sehr verzögert abläuft, die Widerstandskraft der Tiere durch die Infektion zu sehr geschwächt und die Heiltendenz sehr gering ist. Die Wundränder bleiben weiß oder grau, werden nicht rosa oder rot, wie es zu erwarten wäre. Es bildet sich zwar kein oder kaum, höchstens etwas wäßriges Se-

kret, aber die Abszeßhöhle verkleinert sich auch nicht.
Hier und bei großen Abszeßhöhlen können wir mit *Silicea,* der Kieselsäure, sehr hilfreich einwirken. Silicea ist das homöopathische Arzneimittel für schlecht heilende Wunden und ist immer dann angezeigt, wenn die Ausheilung sich verzögert, obwohl der Entzündungsprozeß unter Kontrolle zu sein scheint.
Silicea ist ein Mittel, das bei Katzen sehr gut anspricht. Es wirkt besonders auf das Bindegewebe ein, fördert dessen Abheilung, führt aber auch zur Straffung des Gewebes und verhindert juckende Bindegewebsverhärtungen nach großen Wunden. Da Katzen im allgemeinen sehr viel Bindegewebe (viel Haut!) haben, ist *Silicea* für sie ein ausgezeichnetes Mittel. Dies gilt besonders auch für Eiterungen im Bereich der Vorderbeine, die bei der Katze besonders hartnäckig sind und zu Fistelbildung neigen.
Hier kann es allerdings auch einmal sein, daß ein weiteres Mittel, nämlich *Calcium fluoratum D 4* oder *D 6* angezeigt ist. Man gibt die Mittel jeweils ca. 5–10 Tage. Bei *Silicea* hat sich die *D 6* bewährt, bei sehr nachgiebigen und allgemein krankheitsanfälligen Tieren auch die *D 12* 1 × täglich.

Abb. 12. Arnica montana, der Wohlverleih oder Bergwohlverleih, wichtigstes Mittel zur Behandlung von frischen Wunden und schmerzhaften Blutergüssen, bei Schockzuständen und Blutverlust

Bluterguß (Hämatom)

Bei Blutergüssen (Hämatomen), die man an der rötlichen oder bläulichen Verfärbung, der weichen Konsistenz des Gewebes und der Schmerzhaftigkeit erkennt, bewährt sich sehr die innerliche Anwendung von *Arnica* (Abb. 12). Man gibt es in ganz frischen Fällen alle 2 Stunden, sonst 2–3 × täglich eine Tablette *Arnica D 4* oder *D 6* (oder die entsprechende Dosis Trituration bzw. Globuli). Man erreicht damit einen schnellen Abbau des Blutergusses und vor allem ein schnelles Nachlassen der Schmerzhaftigkeit und Berührungsempfindlichkeit.

Blutverlust, Schock

Arnica ist auch ein wichtiges Mittel, wenn die Tiere durch eine Verletzung einen hohen Blutverlust erlitten haben und die Schleimhäute von Bindehaut und Zahnfleisch blaß geworden sind. *Arnica* hilft dann, die Schwäche, Zerschlagenheit, Berührungsempfindlichkeit und Schmerzhaftigkeit bei diesen Tieren schneller zu überwinden. Sie zeigen sich schon nach wenigen Stunden etwas erholt und wollen am nächsten Tag wieder ihr Futter haben.
Nach Unfällen beobachten wir auch bei Katzen häufig schockähnliche Zustände: Die Katze ist zunächst noch wie wild umhergerannt, hat sich dann gelegt und kann nun anscheinend nicht mehr aufstehen, will sich nicht bewegen, faucht, wenn jemand sie berühren will. Die Schleimhäute sind auch hier relativ blaß. In den meisten Fällen ist der Gang zum Tierarzt notwendig, aber zuvor kann man versuchen, dem Tier wenigstens $^1/_2$ Tablette *Arnica D 4* in wenig Wasser aufzulösen und in die Mundschleimhaut zu träufeln. Auch zur Nachbehandlung solcher Schockzustände kann man stündlich Arnica *D 4* geben und damit eine schnellere Besserung erreichen.

Erkrankungen am Ohr

Akute Gehörgangsentzündung

Die Entzündung des äußeren Gehörganges (Otitis externa) deutet sich meist an durch ein- oder beidseitigen, starken Juckreiz am Ohr. Bei näherem Hinsehen erkennt man, daß im Inneren der Ohrmuschel und in der Öffnung zum Gehörgang sich Krusten und eitriges, blutiges oder schwarzes Sekret befinden.
Am häufigsten ist die durch *Milben* hervorgerufene Gehörgangsentzündung mit eigenartig riechendem, schwarzem Sekret. Bei sehr starkem Befall und genauem Hinsehen kann man die kleinen, punktgroßen, weißen Milben mit bloßem Auge auf dem schwarzen Sekret erkennen.
Soweit es die Katze zuläßt, kann man versuchen, das Sekret mit einem Wattebausch, den man mit lauwarmer, verdünnter *Calendula-Tinktur* getränkt hat (wie im Kapi-

tel »Verletzungen« beschrieben), oder mit einem Wattestäbchen zu reinigen. Die unverdünnte *Calendula-Tinktur* oder auch die *Calendula-Salbe* haben eine hemmende Wirkung auf Ohrmilben. Die Verabreichung bereitet jedoch oft Schwierigkeiten, da die unverdünnte Tinktur im stark entzündeten Gehörgang einen schmerzhaften Reiz setzt und die *Calendula-Salbe* nicht tief genug in den Gehörgang eindringt. Es ist daher empfehlenswert, bei Milbenbefall eine tierärztliche Behandlung vornehmen zu lassen und zunächst eines der handelsüblichen, die Milben abtötenden Arzneimittel für mindestens 10 Tage 1 × täglich in den Gehörgang einzuträufeln.

Für die Reinigung des Gehörgangs und Behandlung der aufgekratzten Stellen kann man dann, wie im Kapitel »Wundversorgung« beschrieben, mit *Calendula-Tinktur* und vor allem *Hypericum-Öl* verfahren.

Eitrige Gehörgangsentzündung

Bei einer *eitrigen* Gehörgangsentzündung finden wir mehr hellgelbes oder auch grünliches Sekret, am Ohrgrund manchmal sehr starke Rötungen oder auch geschwürige Veränderungen. Es besteht eine große Schmerzhaftigkeit und Berührungsempfindlichkeit der Katze.

In diesen Fällen kann man mit *Hepar sulfuris D 8*, 2 × täglich 1 Tablette für 2–3 Tage, den Eiterungsprozeß günstig beeinflussen: Das eitrige Sekret fließt nach außen, der Gehörgang wird wieder frei, die Katze hat kaum noch Schmerzen. Meist ist aber dennoch eine Spülung des Gehörganges durch den Tierarzt erforderlich.

Ergänzend kann man äußerlich behandeln durch Einträufeln einer verdünnten *Calendula-Tinktur* oder auch von *Hypericum-Öl*.

Ist die Entzündung weniger schmerzhaft, das Sekret dickgelblich oder grünlich und *nicht* wundmachend, so gibt man *Pulsatilla D 4*, 2 × täglich 1 Dosis ebenfalls für ca. 1 Woche.

Bei mehr dünnflüssigem, den Ohrgrund wundmachendem Sekret hat man mit *Mercurius solubilis D 8*, 1–2 × täglich eine Dosis, oft einen schnellen Erfolg.

Hält die Katze bereits den Kopf schief nach einer Seite, so besteht der Verdacht, daß eine *Mittelohrentzündung* (Otitis media) vorliegt. Auch hier kann man zunächst mit *Hepar sulfuris D 8* versuchen, das Sekret zum Abfließen zu bringen, und behandelt dann weiter mit *Ferrum phosphoricum D 8*, 2 × täglich 1 Dosis für ca. 1 Woche.

Bei allen Gehörgangsentzündungen, die mit Fieber oder Störung der Futteraufnahme einhergehen, ist unbedingt eine Untersuchung und Behandlung durch einen Tierarzt erforderlich. Oft ist auch die Verabreichung eines der chemischen, meist einen Komplex von entzündungshemmenden und gegen verschiedenste Keime und Pilze gerichteten Arzneimittels für das Einträufeln in den Gehörgang erforderlich. Die zusätzliche Behandlung mit dem passenden homöopathischen Arzneimittel in Tablettenform wird den Heilungsverlauf wesentlich beschleunigen.

Chronische Gehörgangsentzündung

Bei sogenannten *chronischen* Gehörgangsentzündungen, wie wir sie häufig bei älteren Katern, besonders Edelkatzen finden, ist die Behandlung nicht ganz so einfach und oft langwierig. Durch die chronische Entzündung ist es bereits zu Gewebsveränderungen im Gehörgang gekommen. Dieser erscheint verdickt, mit verstärkter Wulstbildung. Die Öffnung des Gehörganges ist entsprechend eingeengt. Es kommt nicht genügend Luft an den Gehörgang, der normale Sekretabfluß ist gestört. Dies wiederum fördert die Zersetzung des Ohrschmalzes und damit die Entzündung.

Einseitige chronische Gehörgangsentzündungen können Anzeichen für eine Organstörung sein, wobei die Entzündung der linken Seite ein Hinweis für Störungen im Bereich der hormonellen Funktion (insbesondere Geschlechtsdrüsen) und die der rechten Seite ein Hinweis für Störungen im Bereich Darm/Leber oder Niere sein kann. In diesen Fällen führen natürlich nur solche Mittel zu einem dauerhaften Erfolg, die diese Ursachen mit berücksichtigen. Es ist allerdings gerade bei Katzen oft besonders schwierig, den »Herd« der Erkrankung zu finden.

Bei *beidseitigen* länger bestehenden Gehörgangsentzündungen können folgende Mittel hilfreich sein:

Bei honigartigem, klebrigem, nicht wundmachendem Sekret meist wohlgenährter, äußerst gutmütiger, gefräßiger Tiere gibt man *Graphites D 8,* 1–2 × täglich 1 Tablette für 2–3 Wochen.

Bei klebrigem, eher wundmachendem Sekret und bestehender Schmerzhaftigkeit gibt man *Causticum D 12,* 1 × täglich für 2–3 Wochen, ebenso bei starker Wulstbildung im Gehörgang.

Erkrankungen am Auge

Bindehautentzündung (Konjunktivitis)

Die Bindehautentzündung bei einer Katze äußert sich in verstärktem Tränenfluß, Rötung, mitunter auch Schwellung der Bindehaut und Juckreiz am Auge.

Der Sekretfluß kann wässrig klar, schleimig, rötlich, gelblich und sogar gelblichgrünlich sein.

Das Sekret kann die Augenlider verkleben, es kann wundmachend sein. Meist fällt auch die Nickhaut, das dritte Augenlid, vor.

Ursache

Eine Bindehautentzündung kann ganz verschiedene Erkrankungen zur Ursache haben.

Sie kann entstehen durch Wind oder Zugluft, nach Reizung durch Sand, Dämpfe, Flüssigkeiten, nach einem Trauma durch Stoß oder Schlag (meist in Verbindung mit einem Bluterguß).

Eine Bindehautentzündung kann aber auch Begleiterkrankung einer Hornhautentzündung sein, auf die später noch eingegangen wird (s. Seite 35).
Sehr häufig jedoch sind gerötete, wässrige oder eitrige Augen und die vorgefallenen Nickhäute Ausdruck einer *Allgemeininfektion*.
Dies kann eine beginnende »Erkältung« nach Unterkühlung oder Durchnässung sein, die sich dann außerdem in leichtem Niesen, eventuell Husten oder Heiserkeit äußert. Diese Symptome müssen in die Arzneimittelwahl mit einbezogen werden. Meist kommen sogenannte Infektions- und Fiebermittel in Frage, die im anschließenden Kapitel gesondert dargestellt werden.
Die Bindehautentzündung kann aber auch erstes Anzeichen einer schweren akuten Virusinfektion sein, wie beispielsweise bei der Katzenseuche oder dem Virusschnupfen. Die Tiere zeigen zunächst ein fast ungestörtes Allgemeinbefinden und nehmen noch Nahrung auf, innerhalb von 12 bis 24 Stunden kann dann die Erkrankung zu schwersten Allgemeinstörungen mit großer Schwäche, Futterverweigerung, Husten, Erbrechen, Durchfall usw. führen.
Daher sollte die Bindehautentzündung der Katze immer eine besondere Beachtung finden und Anlaß zu genauer Beobachtung, eventuell Messen der Körpertemperatur oder Aufsuchen eines Tierarztes sein.
Bei Viruskrankheiten ist die Körpertemperatur nämlich häufig schon vor Ausbruch der eigentlichen Symptome deutlich erhöht.

Therapie

Es soll hier nur auf die Therapie der Bindehautentzündung ohne Begleiterkrankung eingegangen werden.
Folgende Mittel kommen in Betracht:

Euphrasia

Euphrasia, der Augentrost, ist, wie der Name sagt, eine Pflanze, die schon in der Volksheilkunde seit alters zur Behandlung entzündeter Augen angewandt wird.
Auch hier gibt es eine Tinktur zur äußerlichen Anwendung, nämlich *Euphrasia Extern,* die verdünnt, ca. 5–8 Tropfen auf 1 Eßlöffel Wasser, angewandt werden kann. Man kann sie einmal zur Reinigung der Augen verwenden, um eine Reizung und Entzündung der Umgebung des Auges zu verhindern. Sie wirkt gleichzeitig juckreizstillend und entzündungshemmend auf die Bindehaut und die Umgebung der Augen. *Euphrasia Extern* wirkt besser und intensiver als die sonst übliche Kamille, die man zu Reinigungszwecken zwar auch anwenden kann, bei der aber hin und wieder Hautreizungen auftreten können.
Euphrasia wird aber auch *innerlich* als homöopathisches Arzneimittel in der *D 2* oder *D 3* angewandt, wenn die Bindehäute sehr stark gerötet sind, die Augen tränen und der Tränenfluß wundmachend ist. In diesen akuten Fällen gibt man 2–4 × täglich 1 Dosis der *D 2* oder *D 3* für 1–3 Tage und wird so sehr schnell ein Abklingen von Juckreiz oder Schmerzhaftigkeit erreichen. Das Mittel ist

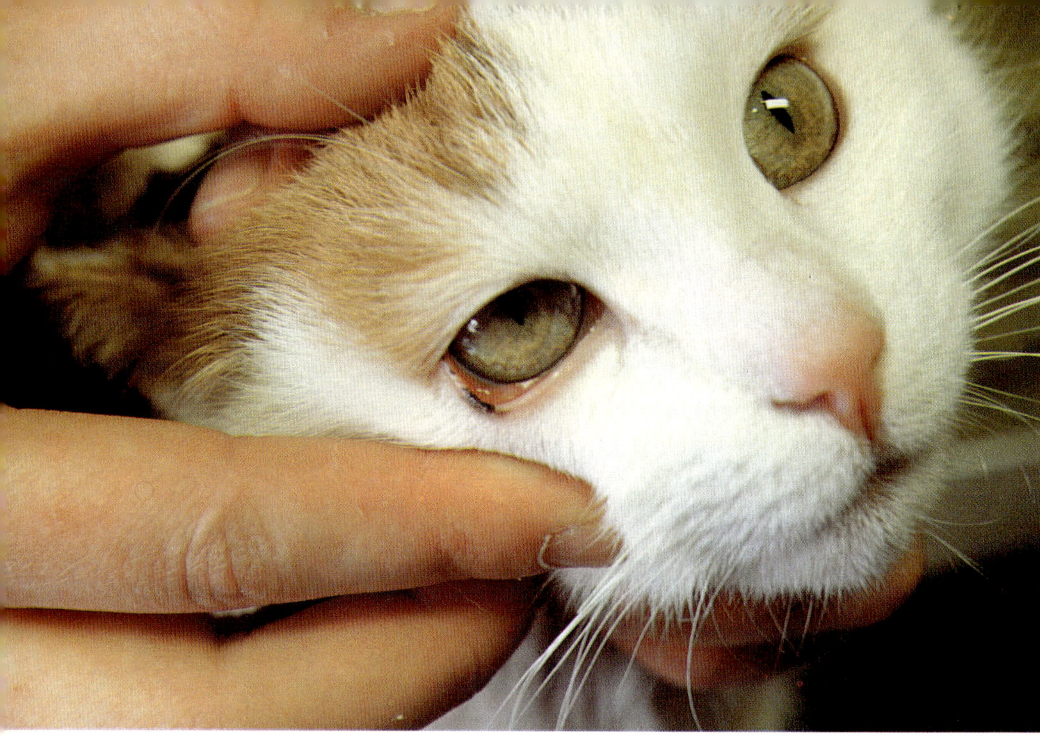

Abb. 13. Leichte Bindehautentzündung (beginnendes »Apis-Bild«)

besonders dann angezeigt, wenn die Katzen sich eine lokale Behandlung nicht gefallen lassen, wie wir das häufig erleben.
So kann dem Tier mit Hilfe der Homöopathie doch geholfen werden, und sind die Beschwerden etwas abgeklungen, dann ist auch eine äußerliche Behandlung eher möglich.
Neben der Tinktur, *Euphrasia Extern,* gibt es auch eine *Euphrasia-Augensalbe,* von der man 2–3 × täglich eine tropfengroße Menge am besten an den inneren, zur Nase hin gezogenen Rand des oberen oder unteren Lides gibt.
Andere »biologische« Augensalben, bzw. Augentropfen ohne Antibiotika oder Cortison sind z. B. der *Actihaemyl-Augengel®* oder die *Conjunktisan-B-Augentropfen®*, deren Vorteil jeweils in der relativ leichten Applikation liegt. Grundsätzlich wirken Augensalben bei der Katze besser als Augentropfen, weil der Wirkstoff länger im Auge bleibt.

Apis

Ein weiteres homöopathisches Arzneimittel für die Behandlung der Bindehautentzündung ist *Apis*, aus *Apis mellifica,* der Honig-

biene, hergestellt. Es ist angezeigt bei stark geschwollenen, ödematösen Bindehäuten, die aber eher hell erscheinen (Abb. 13). Die ödematöse Schwellung kann sehr ausgeprägt sein, so daß vom eigentlichen Auge mit Pupille und Iris kaum noch etwas zu sehen ist. Die Tiere sind sehr licht- und schmerzempfindlich und lassen sich kaum anfassen oder behandeln.
Man gibt hier 2–4 × täglich 1 Dosis Apis *D 3* oder *D 4*.
Beim »*Apis*-Bild« verspüren die Tiere Linderung durch *kühle* Umschläge, während bei anderen Bindehautentzündungen die lauwarme, äußerliche Anwendung besser geduldet wird.

Die *eitrige* Bindehautentzündung kommt, wie schon erwähnt, selten selbständig, meist im Zusammenhang mit Katzenseuche oder Katzenschnupfen vor und wird dort noch ausführlich behandelt.

Mercurius solubilis

Ist das Sekret dünnflüssig-eitrig und sehr stark wundmachend, so kann man es mit *Mercurius solubilis* D 8, 1–2 × täglich 1 Dosis für 3–4 Tage, versuchen.
Die meisten eitrigen Bindehautentzündungen sollten allerdings tierärztlich untersucht werden und benötigen häufig für einige Tage eine Behandlung mit einer antibiotischen Augensalbe. Die genannten homöopathischen Arzneimittel können aber dennoch zusätzlich eingesetzt werden und verkürzen die Heilungsdauer.

Hornhautentzündung (Keratitis)

Man versteht darunter eine Entzündung des durchsichtigen Teiles des äußerlich sichtbaren Auges. Die Hornhaut bildet die durchsichtige, vordere Begrenzung des Auges. Sie ist durch die vordere Augenkammer von der die Pupille bildenden Iris getrennt.
Eine Hornhautentzündung kann einmal im Zusammenhang mit einer Virusinfektion bestehen und ist da als ungünstiges Zeichen zu bewerten.
Häufig entsteht sie aber durch Fremdkörper, Schlag oder Stoß. Als Zeichen der Entzündung kommt es zu einer unterschiedlich großen, mehr hellen, aber auch milchigen Trübung, die meist mit Schmerzhaftigkeit verbunden ist. Im weiteren Verlauf sprossen Blutgefäße in das getrübte Gewebe ein, um so einen Abbau und ein Abheilen der Entzündung zu bewirken.
Eine Hornhautentzündung ist immer mit einer starken, meist eitrigen Bindehautentzündung verbunden und gehört in tierärztliche Behandlung. Nur die Untersuchung durch den Tierarzt kann abklären, wie umfangreich die Verletzung der Hornhaut ist und ob die Gefahr eines Hornhautrisses und damit des Auslaufens der vorderen Augenkammer mit Erblindung besteht.
Eine unbehandelte oder nicht rechtzeitig oder ausreichend behandelte Hornhautentzündung führt immer zum Verbleib einer trüben Stelle auf der Hornhaut und damit zur teilweisen oder vollständigen Erblindung des jeweiligen Auges.

Unterstützend haben sich folgende homöopathischen Arzneimittel bewährt:
Im Anfangsstadium einer Hornhautentzündung mit eitrigem, wundmachendem Sekret, milchiger Trübung und Schmerzhaftigkeit: *Mercurius solubilis D 8*, 2 × täglich 1 Dosis.
Bei schon einige Tage bestehender Hornhautentzündung, wenn der Heilungsablauf (Einsprossung der Gefäße) nicht recht in Gang kommen will, gibt man 3 – 5 Tage *Sulfur D 12*, man kann es auch mit einer Einzelgabe *Sulfur D 30* versuchen, wenn das Mittel insgesamt zu dem Zustand des Tieres gut paßt. Anschließend behandelt man weiter mit *Mercurius solubilis D 8*, 1–2 × täglich 1 Dosis, wie oben beschrieben.
Bei ganz frischen Verletzungen liegt oft noch das *Euphrasia*-Stadium vor, mit starkem Tränenfluß und Rötung der Bindehäute. Hier kann man mit *Euphrasia D 2*, 3–4 × täglich 1 Dosis, oft verhindern, daß es zu einer Ausdehnung der Hornhautentzündung kommt.
Soll eine länger bestehende Hornhauttrübung behandelt werden, die immer wieder zu Bindehautentzündung mit Tränenfluß führt, so gibt man einleitend eine Dosis *Sulfur D 30* und dann das sogenannte »Konstitutionsmittel« des Tieres, z. B. *Calcium carbonicum, Phosphor, Causticum, Arsenicum album*. Je nach Reaktion müssen andere Mittel folgen. Die Symptomatik ist vielfältig und schwierig, die Behandlung gehört in die Hand eines erfahrenen Homöopathen.

Infektions- und Fiebermittel

Es gibt in der Homöopathie einige sogenannte Infektions- oder Fiebermittel oder auch Anfangsmittel, die bei entsprechender Symptomatik zur Anwendung kommen, ganz gleich ob es sich um eine akute Infektion der Nase, des Rachens, der Lunge, des Magen-Darmkanals oder wo auch immer handelt.
Sie werden daher an dieser Stelle gesondert dargestellt, bei den einzelnen Organerkrankungen wird dann entsprechend Bezug genommen.

Aconitum

Aconitum napellus, der Blaue Eisenhut oder Sturmhut, gehört zu den giftigsten Heilpflanzen Europas.
Homöopathisch potenziert findet er Anwendung im allerersten Stadium einer ganz akut verlaufenden Infektion, wenn sich innerhalb weniger Stunden hochakute Krankheitszeichen entwickeln mit Unruhe, Ängstlichkeit, Schreckhaftigkeit und Temperaturen über 41,0°C.
Die Schleimhäute sind rot, der Puls hart und klopfend. Der Krankheitsprozeß ist noch nicht lokalisiert, d. h., man kann noch nicht erkennen, ob sich die Krankheit in der Lunge, in der Nase, im Magen-Darm-Bereich oder wo auch immer festsetzen wird.
Ein solch stürmischer (»Sturmhut«) und

lebensbedrohlicher Verlauf liegt meist bei Viruserkrankungen vor; er entwickelt sich häufiger bei trockenem, kaltem Wetter und kaltem Nord- oder Nordostwind.

Das beschriebene Krankheitsstadium hält nur wenige Stunden an, dann lokalisiert sich die Erkrankung, und andere Symptome treten auf. Das *Aconitum*-Stadium ist vorbei. Häufig wird dieses Stadium vom Tierbesitzer gar nicht erkannt und daher auch nicht entsprechend behandelt. Noch seltener gelangen diese Fälle zum Tierarzt.

Gibt man in dem beschriebenen Krankheitsstadium 1 bis höchstens 3 Gaben *Aconitum D 4* im Abstand von $^1/_2$ Stunde, so kann man die Infektion kupieren, d.h. den schweren Krankheitsverlauf verhindern. Die Tiere sind am nächsten Tag noch etwas schlapp, nehmen etwas Nahrung auf, es kommt aber nicht zum schweren Durchbruch der Krankheit.

In den allermeisten Fällen jedoch entgeht uns dieses »*Aconitum*-Bild«, oder es hat sich nicht entwickelt, und wir haben Symptome eines anderen Fiebermittels:

Belladonna

Atropa belladonna, die Tollkirsche, gehört ebenfalls zu den einheimischen Giftpflanzen.

Auch *Belladonna* ist ein Mittel für akute Infektionen mit Fieber über 40,0°C. Es ist meist bei bakteriellen Infektionen angezeigt, die zu eitriger Sekretion führen.

Die Tiere haben rote, teilweise dunkelrote Schleimhäute und ein klopfendes Herz. Das Krankheitsbild hat sich innerhalb eines halben oder eines Tages entwickelt. Der Krankheitsort, z.B. ein Eiterungsprozeß im Gelenk, aber auch eine Lungenentzündung, ist zu erkennen. Das Gelenk ist dick, rot, heiß, geschwollen und schmerzhaft, bei der Lungenentzündung ist Atemnot, Rasseln und beginnender Husten zu erkennen. Die Tiere machen feuchte Fußabdrücke, ein Zeichen erhöhter Schweißproduktion. Sie können sehr übererregt, unruhig und aggressiv sein, aber auch völlig apathisch, teilnahmslos, wie kurz vor der Bewußtlosigkeit. In diesen Fällen ist *Belladonna D 4,* alle 3–4 Stunden eine Dosis, zu geben. Eine klinische Untersuchung durch den Tierarzt ist aber dennoch erforderlich.

Bei *Belladonna* muß sich der Krankheitszustand innerhalb von 24 Stunden gebessert haben, und die Tiere müssen zumindest munterer erscheinen. Dann kann man die bei den Organerkrankungen beschriebenen Mittel je nach Symptomen folgen lassen.

Lachesis

Dieses Gift einer Viper aus Mittel- und Südamerika ist ein weiteres wichtiges Fiebermittel für ganz akute Infektionen. Viele Virusinfektionen der Katze laufen zu Beginn mit *Lachesis*-Symptomen ab.

Die Temperatur steigt über 40,0°C. Die Tiere sind sehr apathisch, nehmen keine Nahrung auf. Auffällig sind die eher bläulichen Schleimhäute, ein schwacher, frequenter (schneller) Herzschlag, der Vorfall des dritten Augenlides und eine Berührungs-

empfindlichkeit im Nacken. Die Tiere reagieren trotz ihrer Schwäche äußerst aggressiv, wenn man sie im Nacken anfassen will. Waren *Aconitum* und *Belladonna* Mittel, die ihre Symptome hautpsächlich am Nachmittag oder abends entwickeln, so geht es einer Katze, die *Lachesis* braucht, morgens nach dem Aufwachen am schlechtesten. Sie bekommt die Augen kaum auf, statt des Miauens kommt nur ein jämmerliches Krächzen heraus, beim Katzenschnupfen niest sie sehr häufig, es kommt aber kein oder nur wenig wässriges Sekret. Der untersuchende Tierarzt wird Ihnen sagen, daß die Halslymphknoten deutlich vergrößert sind, besonders auf der linken Seite, und daß sie schmerzhaft sind (Abb. 14 und 15). Die Tiere haben Schluckbeschwerden. Wenn sie ein bißchen herumlaufen, geht es ihnen scheinbar besser, nach einer Schlaf- oder Ruhephase tritt dann aber wieder Verschlimmerung ein.
Diese Katzen erhalten *Lachesis D 12,* 1–2 × täglich 1 Dosis. In schweren Fällen kann man auch die *D 8* geben. Auch bei *Lachesis* sollte eine deutliche Besserung innerhalb von 6–12, maximal 24 Stunden auftreten. Da *Lachesis* ein zwar sehr schnell, aber in seiner Wirkungsdauer nur kurz anhaltendes Mittel ist, gibt man es meist 4–5 Tage.
Zum »*Lachesis*-Bild« gehört neben dem beschriebenen, septischen Verlauf aber auch ein weniger akutes Krankheitsstadium mit länger anhaltender Lymphknotenschwellung, besonders links, und immer wieder aufflackernder Infektion, sei es, daß die Tiere sich bei schlechter Witterung zu lange im Freien aufhalten oder sei es wegen einer schlechten Abwehrlage. *Lachesis* kann in solchen Fällen auch 8–10 Tage lang gegeben werden.

Ferrum phosphoricum

Ferrum phosphoricum ist ein Infektionsmittel für einen weniger akuten Verlauf. Die Erkrankung besteht schon einige Tage, das Fieber ist zwischen 39,5 °C und 39,9 °C. Die Tiere nehmen etwas Nahrung auf, die Lokalsymptome, z. B. Schnupfen oder Durchfall, sind vorhanden, keineswegs lebensbedrohend, aber hartnäckig.
Ferrum phosphoricum paßt besonders für jüngere Katzen unter einem Jahr. Die Tiere sind meist lebhaft, temperamentvoll, spielen gern, aber ermüden auch leicht. Sie sind anfällig für Infektionen und leiden unter immer wiederkehrendem Durchfall, Schnupfen oder Bronchitis.
Die Schleimhäute sind trotz Entwurmung relativ blaß. Sie erbrechen leicht unverdautes Futter und neigen zu Durchfällen. Ferrum phosphoricum bewirkt hier nicht nur eine Ausheilung der Infektion, sondern führt gleichzeitig auch zu einer Steigerung der Abwehrkräfte des Organismus, die Tiere verlieren ihre Krankeitsanfälligkeit.
Man gibt *Ferrum phosphoricum* als *D 8,* 1 × täglich $^{1}/_{2}$ bis 1 Tablette für 2–4 Wochen.

Abb. 14 u. 15. Abtasten der Halslymphknoten

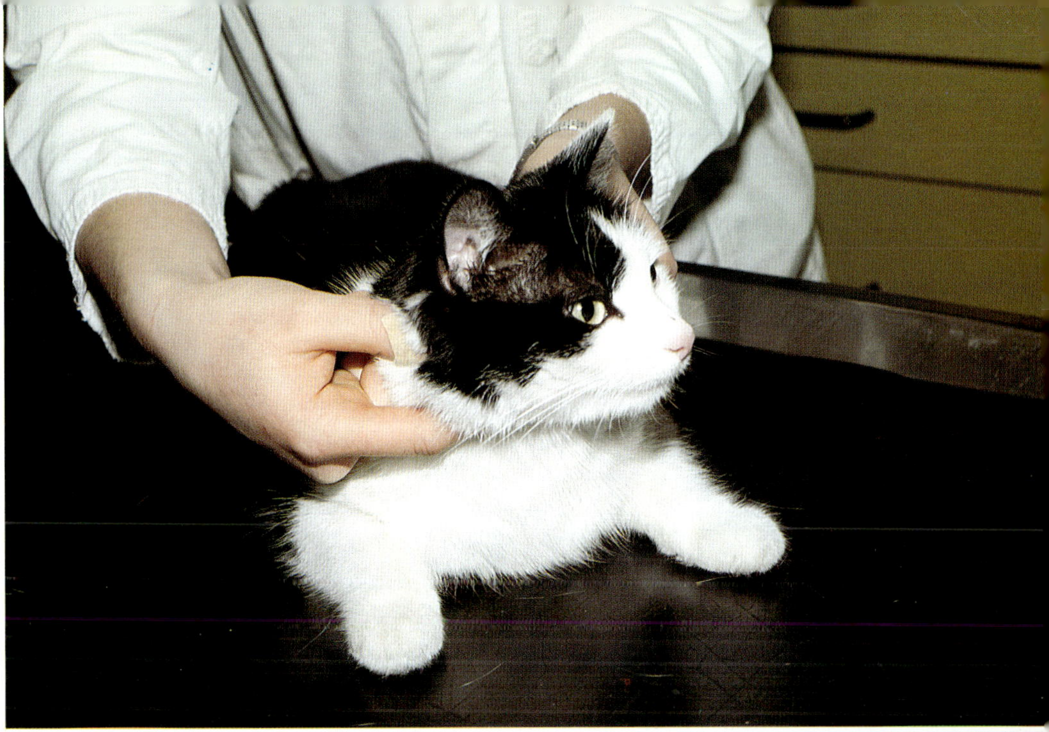

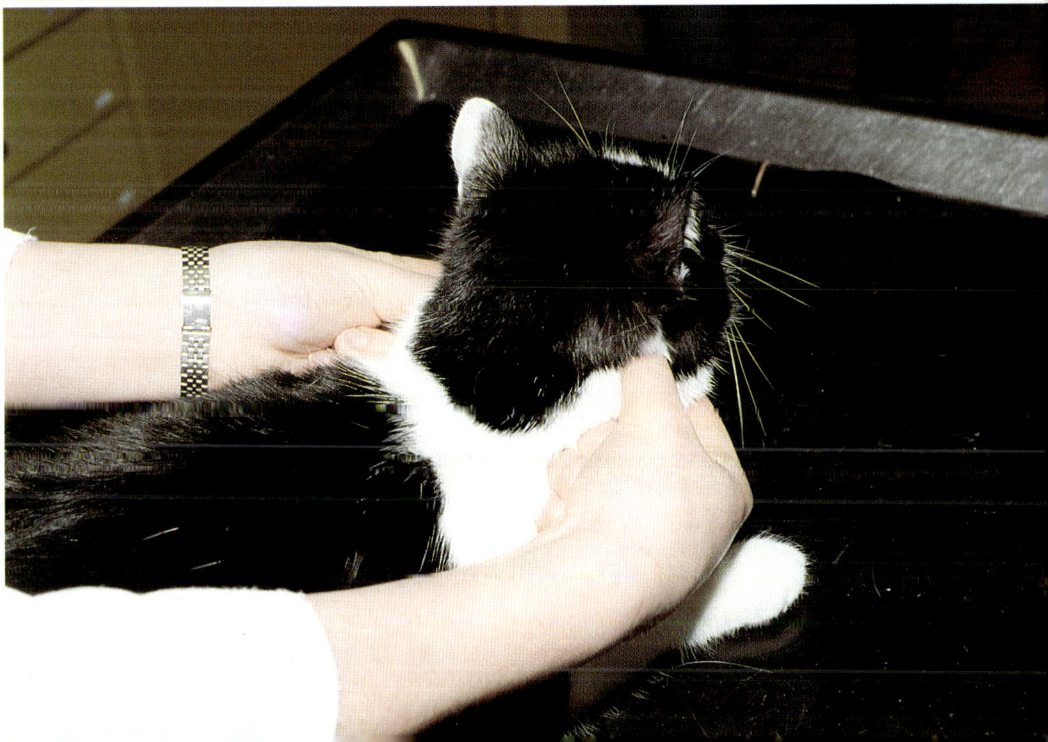

Katzenschnupfen

Der Katzenschnupfen ist eine durch verschiedene Viren hervorgerufene Erkrankung, bei der sich im Verlauf auch Bakterien in der Schleimhaut festsetzen können. Dadurch, daß verschiedene Viren Ursache für die Erkrankung sein können und diese jeweils noch in ihrer Virulenz (d.h. krankmachenden Eigenschaft) variieren, beobachten wir auch am Tier ganz verschiedene Symptome und Verlaufsformen. Der Katzenschnupfen kann hochakut ablaufen und besonders bei wenigen Wochen alten Welpen innerhalb eines Tages zum Tod führen. Es gibt aber auch leichte Verlaufsformen, wo die Katzen nur wenige Tage niesen und schnupfen, sowie die gefürchtete chronische Verlaufsform, bei der die Katze über Monate und Jahre hinweg nicht frei von Symptomen wird.
Beim hochakuten Verlauf ganz kleiner Katzenwelpen kommt meist jede Hilfe zu spät. Das Muttertier ist als Virusträger anzusehen und hat ihre Welpen über die Milch und das Ablecken infiziert. Das Immunsystem ist bei Tieren unter 7–8 Wochen noch wenig entwickelt, so daß die Welpen keine Abwehrstoffe bilden können. Überleben sie durch intensive Therapie und Pflege dennoch, so bleiben sie fast immer kränklich und anfällig und entwickeln sich nicht altersgemäß.
Zusätzlich besteht meist ein starker Wurmbefall, der zu einer weiteren Schwächung der Abwehrkräfte führt und so den schweren Krankheitsverlauf hervorruft bzw. fördert. In solchen Fällen hilft nur eine Impfung und gründliche Entwurmung des Muttertieres, um die Infektion beim nächsten Wurf zu vermeiden.

Akuter Katzenschnupfen

Therapie

Bei fieberhaftem Verlauf siehe Infektions- und Fiebermittel. Gleichzeitig empfiehlt sich die Verabreichung eines passenden »Schnupfenmittels«.

Cepa

Cepa, die Küchenzwiebel, ist angezeigt, wenn, wie beim Zwiebelschälen, die Augen gerötet sind und tränen. Das Sekret ist wässrig und wundmachend für die Haut unterhalb der Nasenöffnung. Die Tiere niesen sehr häufig. *Cepa* ist ein Mittel für den beginnenden Katzenschnupfen und läßt sich gut mit *Lachesis* kombinieren.
Man gibt es 2 × täglich 1 Dosis als *Cepa D 3.*

Luffa

Luffa operculata, eine aus Mittelamerika stammende Pflanze, ist sowohl für den akuten als auch für den subakuten und chronischen Krankheitsverlauf häufig angezeigt. Das Sekret ist weißlich, schleimig, fließt manchmal sehr stark und scheint dann wieder festzusitzen (die Katze »schnorchelt«).
Dosierung: *Luffa D 4,* 2 × täglich 1 Dosis.

Abb. 16. Katzenschnupfen; einseitiger, waßrig schleimiger Nasenausfluß, meist mit Schnorcheln verbunden (»Luffa-Bild«), Sekretausstoß nach Niesen

Hydrastis

Hydrastis, die kanadische Gelbwurz oder Blutwurzel, ist ebenfalls ein Mittel für akuten und schon einige Tage bestehenden Katzenschnupfen, und zwar immer dann, wenn das Sekret dicklich, weißlich oder auch gelblich, sogar blutig ist und *in großen Mengen ständig* abgesondert wird, so daß man mit Säuberungsmaßnahmen und Abwischen gar nicht mehr nachkommt.
Dosierung: *Hydrastis D 4,* 2 × täglich 1 Dosis.

Hepar sulfuris

Hepar sulfuris, Calcium sulfuratum Hahnemannii, leistet auch beim Katzenschnupfen oft sehr wertvolle Dienste. Es ist dann angezeigt, wenn bei einer akuten Infektion der Schnupfen zwar am Schnorcheln und Schniefen schon zu hören ist, das Sekret sich aber nicht zu lösen scheint. Die Katzen haben Fieber, die Nase ist verstopft, sie versuchen die Mundatmung. Diese ist aber wegen der Enge des Rachens und der gleichzeitig bestehenden Vergrößerung der Halslymphknoten für die Katze äußerst unangenehm. Sie leidet sehr, hechelt, schaut ängstlich, als hätte sie Angst vor dem Ersticken.
Hier können 1 bis maximal 3 Gaben von *Hepar sulfuris D 8* innerhalb von wenigen Stunden den Sekretfluß in Gang bringen und damit der Katze große Erleichterung schaffen.

Das Sekret ist dann gelblich oder auch gelblich-grünlich und kann in sehr großen Mengen entleert werden.
Die Katze fühlt sich dabei aber offensichtlich viel wohler, sie ist munter und nimmt Nahrung auf.
Man kann *Hepar sulfuris* auch im weniger akuten Stadium versuchen, wenn andere Schnupfenmittel nicht ansprechen wollen und das Sekret sich immer wieder festzusetzen scheint.
Man gibt es auch hier in der *D 8*, nicht länger als 2–3 Tage, dann hat es seine Wirkung getan, oder es war nicht das angezeigte Simile!

Subakuter und chronischer Katzenschnupfen

Man versteht darunter einen Krankheitsverlauf, der schon länger als 8 Tage besteht. Die Tiere haben meist kein Fieber mehr bzw. nur leicht erhöhte Temperatur bis 39,5 °C und nehmen Nahrung auf. Die Sekretion aus der Nase kann auch hier in Farbe und Menge ganz verschieden sein.

Therapie

Luffa

Das Mittel wurde schon beim akuten Katzenschnupfen beschrieben und hat sich auch beim subakuten Verlauf sehr bewährt.
Man gibt die *D 4*, 1–2 × täglich 1 Tablette für ca. 10–14 Tage. Symptome s. Beschreibung akuter Schnupfen.

Kalium bichromicum

Kalium bichromicum ist dann angezeigt, wenn das Sekret schleimig-weißlich, reichlich und fadenziehend ist.
Man wendet es an in der *D 4*, 2 × täglich 1 Dosis für ca. 14 Tage.

Pulsatilla

Pulsatilla, die Küchenschelle oder Kuhschelle, hat ein dick-gelbliches, mildes, d. h. *nicht* wundmachendes, fließendes Sekret. *Pulsatilla* wirkt besonders gut bei anhänglichen, sehr liebebedürftigen Tieren, die sich gerne streicheln lassen.
Dosierung: *Pulsatilla D 4*, 2 × tägl. 1 Dosis.

Cinnabaris

Cinnabaris, der Zinnober, ist ebenfalls ein bewährtes Mittel für den schon länger bestehenden Schnupfen, der sich immer wieder festsetzt. Das Sekret ist, ähnlich wie bei *Kalium bichromicum,* weißlich schleimig.
Man kann *Cinnabaris* auch gut mit *Kalium bichromicum* kombinieren und wendet es an in der *D 4*, 2 × täglich 1 Dosis.

Arsenicum album

Arsenicum album ist angezeigt beim chronischen Schnupfen älterer Tiere mit eingefallenen Augen, trockener Haut, die müde, matt und gealtert erscheinen. Das Sekret ist grünlich und fließt in eher geringen Mengen und nur zeitweise.
Dosierung: *Arsenicum album D 6*, 2 × täglich 1 Dosis.

Erkrankungen von Mundhöhle und Rachen

Zahnfleischentzündung (Gingivitis)

Die Entzündungen von Zahnfleisch und Rachen bei der Katze werden sehr häufig durch die gleichen Erreger hervorgerufen wie der Katzenschnupfen (Abb. 17, 18). Das jeweilige Virus kann sich also nicht nur in Nase und Augen, sondern im gesamten Nasen-Mund-Rachenraum festsetzen. Daher können bei der Therapie oft Parallelen gezogen werden, und man muß die Gesamtheit der Symptome beachten.
Eine Zahnfleischentzündung kann aber auch durch Zahnstein, der besonders an den Backenzähnen sitzt, hervorgerufen werden. In diesen Fällen kann nur die Entfernung des Zahnsteines durch den Tierarzt die Voraussetzung für eine Abheilung und erfolgreiche Therapie schaffen.

Therapie

Bei fieberhaftem Verlauf s. Infektions- und Fiebermittel.

Mercurius solubilis

Mercurius solubilis Hahnemannii, ein Gemenge aus verschiedenen Quecksilberverbindungen, ist das am häufigsten angezeigte Mittel, das sich auch sehr gut mit *Lachesis* kombinieren läßt. Das Zahnfleisch ist entlang dem Zahnansatz stark gerötet und schmerzhaft (Abb. 18). Teilweise wird der Speichel nicht abgeschluckt, und die Katzen lassen ihn passiv aus der Mundhöhle tropfen. Auffallend ist der unangenehme Geruch aus dem Fang.
Man gibt *Mercurius solubilis* in der *D 8*, 1–2 × täglich 1 Dosis, je nach Bedarf für ca. 8–10 Tage.

Borax

Borax ist angezeigt bei akuten Zahnfleischentzündungen mit Rötung und Bildung von kleinen Geschwüren. Man kann das Mittel auch mit *Mercurius solubilis* kombinieren oder im Anschluß an *Mercurius solubilis* geben.
Man gibt es als *Borax D 3*, 1–2 × täglich 1 Dosis.

Apis

Bei *Apis* ist das Zahnfleisch verdickt, geschwollen, eher hell und sehr berührungsempfindlich.
Man gibt es als *Apis D 3* oder *D 4*, 1–2 × täglich 1 Dosis.

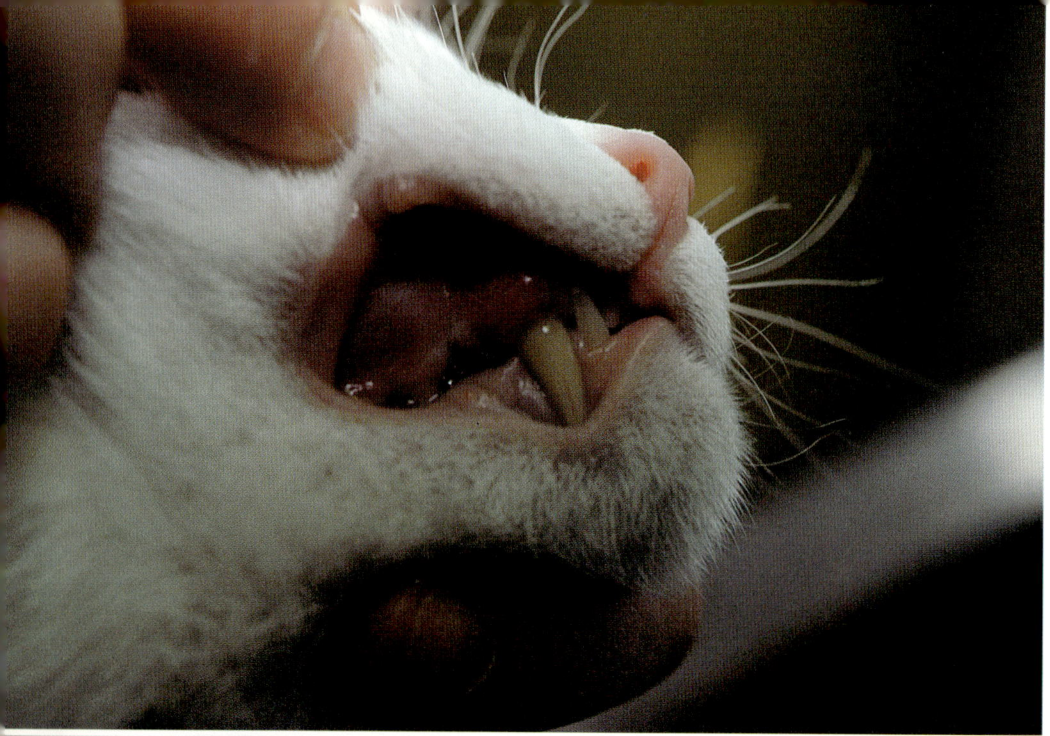
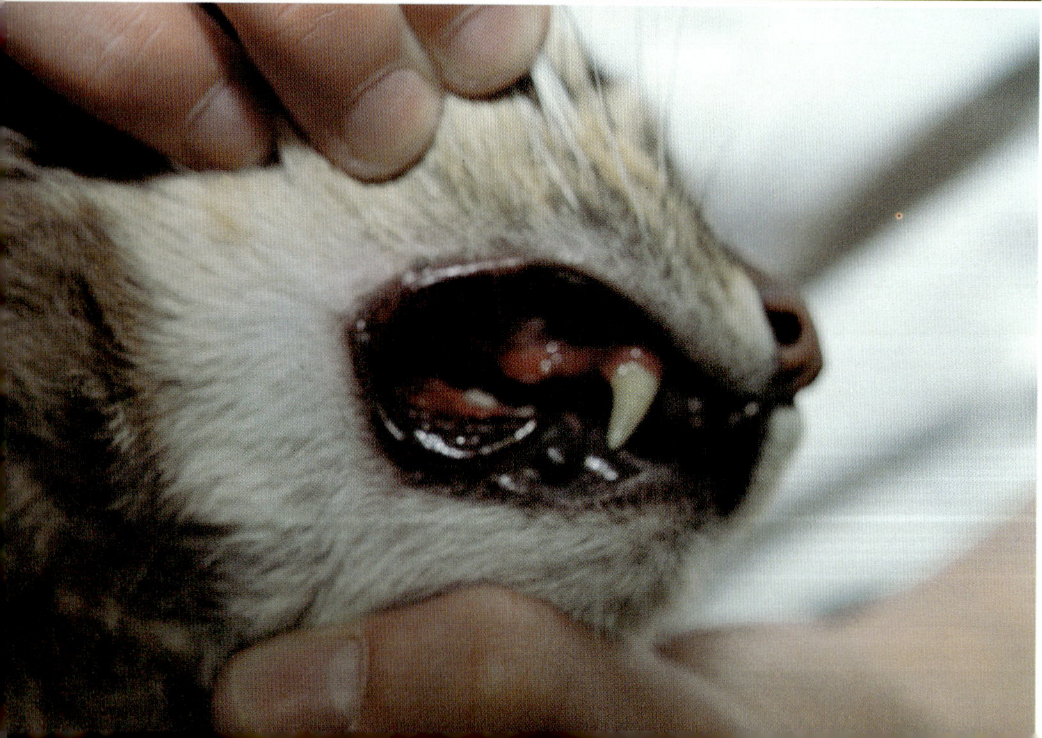

Entzündung von Hals und Rachen (Tonsillitis, Pharyngitis, Laryngitis, Lymphadenitis)

Die Entzündung von Hals und Rachen kann, wie zuvor schon erwähnt, durch Viren des Katzenschnupfen-Komplexes, aber auch durch einfache Erreger sogenannter Erkältungserkrankungen und nicht zuletzt durch Lecken an chemischen Substanzen mit folgender Verätzung entstehen.
Das Symptomenbild ist immer wieder ähnlich: Schwellung der Halslymphknoten (Lymphadenitis), Entzündung der Mandeln (Tonsillitis), des Rachens (Pharyngitis) und des Kehlkopfes (Laryngitis), mitunter auch der Zunge (Glossitis).
Die Katzen werden heiser, können nicht richtig schlucken, speicheln, husten trokken, als hätten sie einen Fremdkörper im Hals.

Therapie

Lachesis

Bei schmerzhafter Schwellung der Halslymphknoten, besonders links, Krächzen, Vorfall des dritten Augenlides, Verschlimmerung morgens und nach Ruhe.
Dosierung: *Lachesis D 12*, 1× täglich 1 Dosis.

Mercurius solubilis

Rötung und Schwellung der Mandeln, Rötung und Bildung von Belägen im Rachen, Beläge und Geschwüre der Zunge nach Verätzungen, Speicheln, unangenehmer Geruch aus dem Fang.
Dosierung: *Mercurius solubilis D 8*, 1–2× täglich 1 Dosis.

Apis

Bläschenbildung im Rachen, auch auf der Zunge, meist zusammen mit entsprechender Zahnfleischentzündung. Große Schmerzhaftigkeit und Berührungsempfindlichkeit.
Dosierung: *Apis D 3* oder *D 4*, 3× täglich 1 Dosis.

Abb. 17. Betrachtung der Mundschleimhaut, hier fast normal, nur eine leichte Entzündung am Eckzahn (Caninus)

Abb. 18. Hochgradige Zahnfleischentzündung, Mercuris-Bild (ältere Katze, bei der schon einige Zähne fehlen)

Erkrankungen der Bronchien und der Lunge

Bronchitis und Pneumonie (Lungenentzündung) sind Erkrankungen, die bei der Katze nicht so häufig vorkommen wie der zuvor beschriebene Katzenschnupfen. Schwere Verlaufsformen stehen meist im Zusammenhang mit der Katzenseuche

Abb. 19. Drosera rotundifolia, zur Behandlung von akuter Bronchitis mit krampfartigen Hustenanfällen

(Panleukopenie) oder der sogenannten Felinen infektiösen Peritonitis (FIP), einer sich im Anfangsstadium meist schleichend entwickelnden Viruserkrankung, die dann auch zu einer Pleuritis, also Brustfellentzündung, und Pneunomie führen kann. Im fortgeschrittenen Stadium ist selten eine erfolgreiche Therapie möglich.

Atembeschwerden, Husten und Rasselgeräusche beim Atmen können aber auch durch ein Lungenödem (Flüssigkeitsansammlung in der Lunge, meist durch Herz- oder Kreislaufversagen) hervorgerufen werden.

Besonders in ländlichen Gegenden muß man bei Atembeschwerden mit großer Schwäche und Untertemperatur an eine Vergiftung durch aufgenommenes Rattengift denken; die Atembeschwerden entstehen dabei durch Austritt von Blut in Brustraum und Lunge.

In allen diesen Fällen ist eine genaue Untersuchung durch einen Tierarzt unbedingt erforderlich.

Für die Behandlung durch den Laien eignet sich nur die im Verlauf der schon angesprochenen Infektionen der Atemwege auftretende Bronchitis.

Therapie

Bei fieberhaften Erkrankungsformen s. Infektions- und Fiebermittel.

Folgende *Hustenmittel* haben sich auch bei der Katze bewährt:

Drosera

Drosera, der Sonnentau (Abb. 19), bei krampfartigem, anfallsweise, besonders auch nachts auftretendem Husten mit Sekretauswurf und Rasseln. Die Tiere erscheinen stark verschleimt.

Dosierung: *Drosera D 3,* 2–4 × täglich 1 Dosis.

Ipecacuanha

Ipecacuanha, die Brechwurzel, bei starken Rasselgeräuschen, quälendem Hustenreiz, der bis zum Erbrechen gehen kann oder zumindest Brechreiz auslöst.
Daneben kann auch Schnupfen und Bindehautentzündung bestehen!
Dosierung: *Ipecacuanha D 6,* 2–4 × täglich 1 Dosis.

Cuprum aceticum

Cuprum aceticum, das Kupferacetat, bei mehr *trockenem,* krampfartigem und quälendem Husten. Die Katzen strecken den Kopf beim Husten nach vorn und unten!
Dosierung: *Cuprum aceticum D 4* oder *D 6,* 2–3 × täglich 1 Dosis.

Eine Kombination der 3 bisher beschriebenen Mittel enthält das Handelspräparat »*Viropect*®«, das in Pulverform ist und daher besonders bei Katzenwelpen leicht verabreicht werden kann. Erwachsenen Katzen kann man angewöhnen, jeweils eine Messerspitze des Präparates von der Hand zu lecken.

Bryonia

Bryonia, die rotbeerige Zaunrübe oder Teufelsrübe, bei trockenem Reizhusten, der morgens besonders schlimm ist. Fast immer liegt neben der Bronchitis eine Pleuritis, also Brustfellentzündung, vor, die sehr schmerzhaft ist. Die Tiere wollen sich nicht bewegen, jede Berührung ist schmerzhaft, und sie reagieren daher äußerst aggressiv, wenn man sie hochnehmen will. Sie sind außerdem auffallend durstig. *Bryonia* läßt sich sehr gut mit *Belladonna* oder auch mit *Phosphor D 8* kombinieren (Phosphor gibt es nur als Dilution!).
Dosierung: *Bryonia D 4,* 2–4 × täglich 1 Dosis.

Kalium jodatum

Kalium jodatum, bei trockenem, meist schon länger bestehendem Husten, wenn das Sekret sich nicht lösen will. Die Tiere sind durch die Infektion geschwächt und wollen sich nicht recht erholen.
Dosierung: *Kalium jodatum D 3,* 2 × täglich 1 Dosis.

Erkrankungen von Magen und Darm

Erkrankungen von Magen und Darm sind für den Tierbesitzer meist sehr auffällig, da sie mit äußerlich sichtbaren Anzeichen wie Erbrechen, Durchfall, Blähungen, Kotdrang usw. einhergehen.
Die *Ursachen* sind äußerst vielfältig und können reichen von zuviel, falsch zusammengesetzter, nicht artgerechter, verdorbener Nahrung bis zu Giftstoffen oder Chemikalien. Daneben spielen Wurm- und Parasitenbefall, Infektionen verschiedenster Art, ja sogar Leber- und Nierener-

krankungen eine nicht unbedeutende Rolle. Nicht zu vergessen sind Verdauungsstörungen durch beim Putzen abgeschluckte Haare, die besonders bei langhaarigen Katzen vorkommen.
Auf die Symptomatik und Differenzierung all dieser Ursachen kann hier nicht eingegangen werden. Verdauungsstörungen, die länger als einen Tag anhalten oder mit großer Schwäche einhergehen, gehören daher grundsätzlich in tierärztliche Hand.
Jede Verdauungsstörung kann nur erfolgreich behandelt werden, wenn die entsprechenden Diätmaßnahmen auch erfolgen. Dies ist jedoch bei der Katze besonders schwierig. Man sollte sich gerade deshalb aber an den Grundsatz halten, daß ein Tier mit Verdauungsstörungen im Zweifelsfall besser gar keine Nahrung aufnehmen sollte als eine Nahrung, die ihm nicht bekommt und Erbrechen oder Durchfall nur noch mehr fördert (s. Kapitel »Die kranke Katze«).
Es sollen im folgenden solche homöopathischen Arzneimittel genannt werden, deren Anwendungsbereich relativ leicht zu erkennen ist, die als erste Maßnahme oder zur Unterstützung der Ausheilung geeignet sind. Das richtig gewählte homöopathische Arzneimittel befreit die Katze sehr schnell von schmerzhaften Blähungen und Krampfzuständen des Darmes, fördert die Regeneration der Magen- und Darmschleimhaut und damit die Wiederherstellung der Funktion.

Erbrechen und Durchfall

Therapie

Nux vomica

Nux vomica, die Brechnuß, ist das bei Tieren am häufigsten eingesetzte homöopathische Arzneimittel bei folgenden Symptomen:

Verdauungsstörungen nach Aufnahme von zuviel Futter, nicht artgerechtem Futter (Kuchen, Süßigkeiten, Soßen, Knochen usw.) oder falsch zusammengesetztem Futter (zuviel Fett, zuviel Kohlenhydrate, z.B. Kartoffeln usw.)
Es kommt zu Erbrechen, Durchfall, Blähungen, Darmglucksen, auch Verstopfung ist möglich. Der Bauch ist hart und gespannt. Die Katzen haben Schmerzen und lassen sich daher ungern anfassen. Wenn sie stehen und langsam laufen, ist die Rückenlinie nach oben gewölbt.
Dosierung: *Nux vomica D 6,* 2–4 × täglich 1 Dosis.

Ipecacuanha

Ipecacuanha, die Brechwurzel, ist angezeigt bei Erbrechen und Verdacht auf Vorliegen einer Gastritis, wenn man an eine Reizung der Magenschleimhaut durch abgeschluckte Haare oder sonstige unverdauliche Stoffe denken muß bei schon immer sehr magenempfindlichen Tieren.
Dosierung: *Ipecacuanha D 4,* 2 × täglich 1 Dosis.

Arsenicum album

Bei dem Arzneimittelbild von *Arsenicum album* beobachtet man Erbrechen und faulig riechenden Durchfall. Die Erkrankung entsteht meist durch Aufnahme von *verdorbenem* Futter (z.B. Aufnahme von weggeworfenen Brötchen, verdorbener Wurst, Fleisch, Tierkadavern usw.) und geht mit großer Schwäche einher. Die Tiere haben viel Durst, trinken aber immer nur kleine Mengen. *Arsenicum album* reguliert nicht nur den Darm, sondern ist auch ein sehr gutes Leber- und Nierenmittel, das auf diesem Weg zusätzlich die Entgiftung des Organismus fördert. Man kann es daher auch zur Nachbehandlung nach Vergiftungen mit entsprechenden Symptomen einsetzen.
Dosierung: *Arsenicum album D 6,* 2 × täglich 1 Dosis.

Podophyllum

Podophyllum, der Maiapfel oder Entenfuß, kommt zur Anwendung bei wäßrigen Durchfällen, die aus dem After herausschießen und mit starken Blähungen einhergehen.
Dosierung: *Podophyllum D 6,* 2–3 × täglich 1 Dosis.

Mercurius solubilis

Mercurius solubilis kommt in Frage bei schweren Durchfällen, die mit Abgang von Darmschleimhaut oder Schleimfetzen und blutigem Kot einhergehen. Der Durchfall ist wundmachend, der After dadurch hochrot und entzündet. Die Tiere lassen sich nur ungern säubern, das Einschieben des Fieberthermometers ist unmöglich.
Dosierung: *Mercurius solubilis D 8,* 2–3 × täglich 1 Dosis.

Magnesium phosphoricum

Magnesium phosphoricum ist ein ausgezeichnetes Arzneimittel für hartnäckige Durchfälle bei Jungkatzen. Der Kot ist hell, teilweise unverdaut und säuerlich riechend. Die Tiere haben einen deutlichen Blähbauch. (Kotuntersuchung auf Würmer notwendig!)
Dosierung: *Magnesium phosphoricum D 8,* 2 × täglich 1 Dosis. Zusätzlich strenge Diät, die unterstützende Verabreichung von *Luvo's Heilerde®* hat sich bewährt.

Calcium carbonicum

Calcium carbonicum Hahnemannii ist ein Mittel für Katzenwelpen und Jungtiere, die zu säuerlich riechendem Durchfall neigen und keine Milch vertragen. Sie sind eher ruhig und tapsig und bei sehr gutem Appetit.
Dosierung: *Calcium carbonicum D 12,* 1 × täglich ½ Dosis

Verstopfung

Die Erkrankung entsteht meist bei Katern, die sich ausschließlich von Trockenfutter ernähren, zu wenig trinken und im Laufe der Jahre eine zunehmende Darmträgheit bekommen.

Je nach Ausmaß und Dauer der Erkrankung ist eine Untersuchung durch den Tierarzt erforderlich.
Diät: laxierendes, d. h. darmanregendes Futter wie rohe Leber oder Milz, Milch, eventuell auch eßlöffelweise mit Diätöl versetzt. Zugabe von Weizenkleie (ca. 1/2–1 Teelöffel) kann ebenfalls versucht werden.

Therapie

Nux vomica

Die schon beim Durchfall genannte *Nux vomica* vermag auch bei Verstopfung gute Dienste zu leisten. Die Ursache ist auch hier Aufnahme von zuviel und ungeeigneter Nahrung. Die Symptome sind Blähungen, harter, schmerzhafter Bauch, aufgekrümmter Rücken und Kotdrang. Die Tiere versuchen durch ständiges Pressen, den angeschoppten, harten Kot loszuwerden und verkrampfen sich dabei vor Schmerzen immer mehr.
Nux vomica wirkt krampflösend und fördert die Sekretion von Galle und Verdauungsstoffen.
Dosierung: *Nux vomica D 6,* alle 2 Stunden 1 Dosis.

Plumbum aceticum

Sollte Verstopfung ohne Kotdrang bestehen, so ist ein Versuch mit *Plumbum aceticum,* dem Bleiacetat, in der *D 8,* 2 × täglich 1 Dosis, möglich. Bei ausbleibendem Erfolg ist aber unbedingt der Gang zum Tierarzt notwendig.

Lebermittel

Lebererkrankungen bei der Katze sind recht schwierig zu diagnostizieren und kommen meist in Kombination mit anderen Organerkrankungen vor.
Für eine Störung der Leberfunktion spricht mangelnder oder wechselnder Appetit, ohne daß eine sonstige Krankheitsursache festgestellt werden kann. Daneben besteht meist Neigung zu Erbrechen, der Kot ist eher hell oder gelblich, was auf eine gestörte Gallesekretion hindeutet. Das Fell ist oft stumpf und zu dünn.
Wir kennen für die Katze 2 wichtige Lebermittel:

Lycopodium

Lycopodium, der Bärlapp, ist das Mittel für die sehr eigenwillige, manchmal geradezu launenhafte Katze, die äußerst wählerisch bei der Futteraufnahme ist, am liebsten nur rohes Fleisch mag und selten zweimal hintereinander dasselbe Futter nimmt. Der Besitzer ist ständig damit beschäftigt, ein Futter zu finden, das seiner Katze schmeckt. Der Kot ist eher fest. Die Tiere sind zeitweise sehr träge, das Fell ist stumpf.
Dosierung: *Lycopodium D 12,* 1 × täglich 1 Dosis für ca. 2 Wochen, oder auch *Lycopodium D 30,* 1 × pro Woche.

Chelidonium

Chelidonium, das Schöllkraut, ist angezeigt, wenn der Kot der Tiere zwar eher hell oder gelblich ist und häufig Blähungen bestehen, die Symptome aber nicht so ausgeprägt sind wie zuvor beim *Lycopodium* beschrieben.

Dosierung: *Chelidonium D 4,* 2 × täglich 1 Dosis für längere Zeit.

Erkrankungen der Harnwege

Die Erkrankung von Blase, Nierenbecken und Niere kommt meist bei Katern vor, besonders häufig bei kastrierten Tieren, die sich ausschließlich von Trockenfutter ernähren.

Eine einfache Entzündung der Blase äußert sich in vermehrtem Harndrang und Absatz von relativ kleinen Urinmengen. Bei schweren Erkrankungsformen kommt es zu Grieß- oder gar Blasensteinbildung. Verstopfen die Grießkörnchen die Harnröhre, so kann es zur lebensbedrohlichen Urämie, dem Nierenversagen kommen. Der Urin ist in schweren Fällen meist sehr blutig. Neben der Harnblase sind bereits Veränderungen an Nierenbecken und Niere durch eine Harnuntersuchung nachweisbar. Die Tiere nehmen kein oder nur wenig Futter auf.

Bei starker Allgemeinstörung und Verstopfung der Harnröhre können nur besondere Therapiemaßnahmen durch den Tierarzt erfolgversprechend sein.

Eine Umstellung der Ernährung ist absolut notwendig. Eine Spezialdiät, die vorhandenen Grieß auflösen hilft und die Neubildung verhindert, kann durch den Tierarzt bezogen werden. Leider nehmen viele Tiere die Diät nicht oder nur schlecht an. Mit homöopathischen Arzneimitteln kann man nicht nur die entzündlichen Veränderungen mit den akuten Symptomen erfolgreich behandeln, sondern auch langfristig die Nierenfunktion verbessern und die Ausheilung der Schleimhaut von Blase und Nierenbecken fördern.

Da die homöopathischen Arzneimittel keinerlei Nebenwirkungen haben, können sie auch über einen längeren Zeitraum bedenkenlos verabreicht werden. Auf massive Antibiotikagaben reagieren viele Katzen mit Erbrechen oder Verweigerung der Futteraufnahme. Dies ist bei homöopathischen Arzneimitteln nie der Fall, die Tiere sind stets munter und nehmen bereitwillig Nahrung auf.

Akute Blasenentzündung

Therapie

Cantharis

Cantharis, ein aus der Spanischen Fliege hergestelltes Arzneimittel, ist angezeigt, wenn die Tiere vermehrten Harndrang zeigen, ständig zu ihrem Kistchen rennen, unterwegs schon einige Tropfen verlieren und immer nur kleine Mengen Urin absetzen, der jedoch schon blutig sein kann. *Cantharis* ist ein Anfangsmittel, das jedoch nicht nur

auf die Blase, sondern auch auf Nierenbekken und Niere wirkt.
Dosierung: *Cantharis D 4,* 2–4 × täglich 1 Dosis.

Sabal serrulatum

Sabal serrulatum, die Zwergpalme, ist als »homöopathischer Katheter« in die Homöopathie eingegangen. Damit ist schon ausgesagt, daß *Sabal serrulatum* dann Anwendung findet, wenn der Harndrang erfolglos ist bzw. nur wenige Tropfen kommen. Ist die ganze Harnröhre mit Grieß verstopft, kann man natürlich auch mit *Sabal serrulatum* nichts mehr ausrichten. Gleich bei Beginn der Symptome gegeben, kann man jedoch häufig das Festsetzen der ersten Körnchen und damit den schweren Verlauf verhindern.
Dosierung: *Sabal serrulatum D 3,* 2–5 × täglich 1 Dosis.

Mercurius solubilis

Bei *Mercurius solubilis* ist der Harndrang nicht so ausgeprägt vorhanden wie z. B. bei *Cantharis,* der Urin ist jedoch sehr blutig, scheint ganz aus Blut zu bestehen.
Dosierung: *Mercurius solubilis D 8,* 2–3 × täglich 1 Dosis.

Abb. 20. Berberis vulgaris, Gemeine Berberitze oder Sauerdorn, ein wichtiges Mittel bei Blasen- und Nierenerkrankungen

Blasen-Nieren-Erkrankung

Therapie

Berberis

Berberis vulgaris, die gemeine Berberitze oder der Sauerdorn (Abb. 20), regt die Nierenfunktion sehr stark an und fördert damit die Ausschwemmung und Abstoßung von defekten Zellen der Schleimhäute von Blase, Nierenbecken und Niere sowie von Grieß. Es kann mit anderen Blasen- und Nierenmitteln kombiniert werden.
Dosierung: *Berberis D 4,* 2–3 × täglich 1 Dosis.

Solidago

Solidago, die Goldrute, ist ein zweites, die Nieren stark anregendes Mittel. Man gibt es, wenn bereits Störungen der Nierenfunktion aufgetreten sind.
Dosierung: *Solidago D 2,* 2 × täglich 1 Dosis.

Lycopodium

Lycopodium, der Bärlapp, ist nicht nur ein Leber-, sondern auch ein ausgezeichnetes Nierenmittel bei chronischen Nierenveränderungen und Harngrieß. Es paßt häufig gut zu den sehr launischen, sich einseitig ernährenden Katern mit schlechtem Fell. Sie gehen interessiert zum Futternapf, riechen, nehmen dann aber nur wenig oder keine Nahrung auf.
Dosierung: *Lycopodium D 6* oder *D 12,* 2 × bzw. 1 × täglich 1 Dosis.

Arsenicum album

Auch *Arsenicum album* ist ein bewährtes Nierenmittel. Der Urin ist oft lange Zeit blutig. Die Tiere sind matt und lustlos. Sie trinken häufig, aber nur kleine Mengen. Das Fell fühlt sich oft eher fettig an, und die Haut riecht sehr stark.
Dosierung: *Arsenicum album D 6* oder *D 12,* 2 × bzw. 1 × täglich 1 Dosis.

Erkrankungen von Herz und Kreislauf

Selbständige Erkrankungen von Herz und Kreislauf sind auch bei der älteren Katze relativ selten. Selbst bei durch den Tierarzt festgestellten Herzgeräuschen treten oft keine sichtbaren Symptome auf. Die ältere Katze führt von sich aus ein geruhsameres Leben, so daß vielleicht auch aus diesem Grund Überlastungen seltener auftreten. Sollten dennoch einmal vermehrte Schläfrigkeit oder Atembeschwerden nach Bewegung ihre Ursache in einem »Altersherz« haben, so gibt es ein gutes »Pflegemittel des Herzens«:

Crataegus

Crataegus, der Weißdorn (Abb. 21), ist auch in der Volksheilkunde als herzstärkendes Mittel bekannt. Man muß das Mittel längere Zeit, d.h. mindestens für 3 Monate anwen-

den und erreicht dadurch nicht nur eine momentane, sondern auch eine längerfristige Kräftigung des Herzmuskels und damit des Schlagvolumens. Die Tiere werden wieder bewegungsfreudiger und nehmen mehr Anteil an ihrer Umgebung.
Dosierung: *Crataegus D 1,* 2 × täglich 1 Dosis.

Erkrankungen der Haut

Erkrankungen der Haut mit Haarausfall, Schuppen, Pusteln, Leckstellen, fettigem oder verfilztem Haar, jeweils trocken oder nässend, mit oder ohne Juckreiz, haben ganz verschiedene Ursachen.
Äußere Ursachen sind beispielsweise Parasitenbefall mit Flöhen und Läusen, Pilzerkrankungen, Kontakt mit Chemikalien, auch Parasiten-Puder und -Sprays gehören dazu! Fehlernährung spielt eine sehr große Rolle.
Die Störungen treten besonders beim Fellwechsel auf, der sich dann über Wochen hinzieht. Bei langhaarigen Katzen geht die Unterwolle nicht aus und verfilzt, es entstehen sogenannte »Haarbruchstellen« am Rücken. Daneben spielen sogenannte »Stoffwechselstörungen« in zunehmendem Maß eine Rolle. Sie haben ihre Ursache oft in einer Leber- oder Nierenstörung oder auch nur einem Ungleichgewicht, das letztlich oft wieder ernährungsbedingt ist, aber auch andere Ursachen haben kann.
Schließlich können Hormonstörungen zu einem meist symmetrischen Haarausfall führen.
Es soll in diesem Rahmen nur auf einige wenige Mittel und Störungen des Fellwechsels eingegangen werden, da die übrigen Erkrankungsformen einer Abklärung durch den Tierarzt bedürfen.
Chronische Hauterkrankungen sind auch homöopathisch nicht ganz einfach zu therapieren, und es ist in einem solchen Fall besser, sich an einen erfahrenen, homöopathisch arbeitenden Tierarzt zu wenden.

Therapie

Sulfur

Der Schwefel ist unser wichtigstes, homöopathisches Arzneimittel bei der Behandlung von Veränderungen der Haut oder der Haare. *Sulfur* greift besonders intensiv in den Hautstoffwechsel ein, fördert und reguliert die Bildung der Haare. *Sulfur* ist darüber hinaus aber auch ein auf den gesamten Stoffwechsel anregend wirkendes Arzneimittel. Man benutzt es daher auch als Einzelgabe zu Beginn einer Therapie von Hautveränderungen, um die Reaktionsbereitschaft des Organismus anzuregen. Das eigentliche Simile zeigt dann oft eine bessere Wirkung.
Typisch für das Arzneimittel *Sulfur* ist der intensive Geruch der Tiere, das fettige, verfilzte Haarkleid. Die Unterwolle geht schlecht heraus. Es bilden sich Schuppen, die Tiere haben Juckreiz. Tiere, die *Sulfur*

brauchen, sind nicht besonders reinlich und tun selbst nicht besonders viel für die Körperpflege.
Dosierung: *Sulfur D 12,* 1 × täglich 1 Dosis für 5–10 Tage, oder *Sulfur D 30* 1 × pro Woche oder als Einzelgabe.

Natrium muriaticum

Natrium muriaticum, das potenzierte Kochsalz, kommt besonders bei Katzen in Frage, die ausschließlich mit Dosenfutter ernährt werden und eine Imbalanz (Ungleichgewicht) im Salzhaushalt haben. Das Fell ist schuppig und glanzlos. An der Innenseite von Achseln und Innenschenkeln bilden sich juckende, kleine Pusteln. Die Tiere sind meist aggressiv gegen Artgenossen.
Dosierung: *Natrium muriaticum D 6* oder *D 12,* 1 × täglich 1 Dosis für 2–3 Wochen. Umstellung der Ernährung!

Graphites

Der *Graphit* (Reißblei) paßt für trockene, schuppige Ekzeme viel zu dicker und sehr gefräßiger Tiere (meist Kater). Die Haut ist relativ dick, teilweise rissig, an den Gelenkbeugen bildet sich ein für *Graphites* typisches, klebriges Sekret. Die Tiere sind äußerst gutmütig und werden daher von ihren Besitzern besonders gern gepflegt und gefüttert, wodurch die Fettleibigkeit weiter gefördert wird.

Abb. 21. Crataegus, Weißdorn, kräftigt den Herzmuskel bei älteren Katzen.

Dosierung: *Graphites D 6,* 1 × täglich eine Dosis für 2–3 Wochen.

Arsenicum album

Arsenicum album hat als Folge der schon beschriebenen Störungen von Leber und Niere auch typische Hautveränderungen. Die an sich sehr reinlichen Tiere haben einen unangenehm fauligen Geruch, die Haut ist eher trocken und schuppig, das Fell fühlt sich jedoch fettig an. *Arsenicum album* sollte, wie auch die anderen beschriebenen Mittel, immer zum ganzen Tier passen, denn wir erfassen mit den homöopathischen Arzneimitteln immer das Tier in seiner Gesamtheit und werden nur dann Erfolg haben, wenn das Mittel insgesamt, mit möglichst vielen Symptomen, dem Tier entspricht.
Dosierung: *Arsenicum album D 6* oder *D 12,* 1 × täglich 1 Dosis.

Behandlung der weiblichen Katze

Trächtigkeit (Gravidität)

Die Trächtigkeitsdauer bei der Katze beträgt 58–68 Tage. Während der Trächtigkeit sollte die Katze zunächst die gewohnte Menge eines artgemäßen, nicht einseitigen Futters erhalten. Erst ca. 2 Wochen vor dem zu erwartenden Termin sollte die Ration ganz langsam erhöht werden.

Katzen werfen meist ohne Schwierigkeiten und Komplikationen. Sollte aber eine Katze bei ihrer ersten Trächtigkeit noch sehr jung, etwa nur 10–11 Monate alt sein oder eine Zuchtkatze bei ihrer letzten Geburt Schwierigkeiten gehabt haben, so kann man auch hier homöopathisch unterstützend eingreifen, um eine bestmögliche Vorbereitung der Geburtswege und des Geburtsvorganges zu erreichen.

Geburtsvorbereitung

Pulsatilla

Pulsatilla, die Küchenschelle oder Kuhschelle (Abb. 22), hat besonderen Bezug zum weiblichen Genitale (Geschlechtsapparat). Sie fördert die Funktion der Eierstöcke. Vor der Geburt kommt es zu einer Änderung des Hormonspiegels, der dann die für die Geburt notwendige Erweiterung des sogenannten weichen Geburtsweges, also Scheide, Muttermund und Gebärmutterhals, bewirkt. Muttermund und Gebärmutterhals öffnen sich, das den dichten Verschluß zur Außenwelt bildende Sekret wird frei. Die Wehentätigkeit und damit die Geburt kann beginnen. Diese stark vereinfacht dargestellten Vorgänge bedürfen eines komplizierten Regelsystems. *Pulsatilla* wirkt hier sowohl fördernd als auch regulierend ein. Bei bestmöglicher Vorbereitung der Geburtswege und gut abgestimmter Hormonfunktion ist mit einer leichten und komplikationslosen Geburt zu rechnen.

Dosierung: *Pulsatilla D 4,* ab dem 50. bzw. 55. Tag, 1 Dosis pro Tag.

Geburt

Sind die Tiere bereits in der Geburt, ist z. B. schon eine Fruchtblase geplatzt oder bereits ein oder mehrere Welpen geboren, so kann es aus verschiedenen Gründen zur Wehenschwäche kommen. Zu große oder fehlgebildete Welpen können ein absolutes Geburtshindernis sein und sind eine Indikation für einen Kaiserschnitt.
Daneben gibt es aber eine selbständige Wehenschwäche, und hier kann man regulierend den Geburtsvorgang unterstützen mit:

Caulophyllum

Caulophyllum, die Frauenwurzel oder der blaue Hahnenfuß, hat eine intensive Wirkung auf die Gebärmutter und fördert und reguliert die Wehentätigkeit. Der Vorteil des Mittels liegt darin, daß es bei *Caulophyllum* nicht, wie bei der sonst üblichen, wehenanregenden Hormongabe, zur Wehenblockade oder – noch schlimmer – zum Platzen der Gebärmutter kommen kann.
Sollte das Mittel nicht oder nicht ausrei-

Abb. 22. Pulsatilla, Wiesenküchenschelle oder Kuhschelle, zur Vorbereitung auf die Geburt; fördert die Erweiterung des Geburtsweges und wirkt regulierend auf die Eierstockfunktion ein.

chend ansprechen, so liegt meist eine andere Ursache für den mangelnden Fortgang der Geburt vor, und tierärztliches Eingreifen ist erforderlich.
Dosierung: *Caulophyllum D 4,* alle 30–60 Minuten eine Dosis.

Nach der Geburt

Hat eine Geburt sehr lange gedauert oder ist die Katze am nächsten Tag noch sehr matt, die Temperatur leicht erhöht, so liegt evtl. eine zumindest beginnende Gebärmutterentzündung vor. Nimmt die Katze keine Nahrung auf und fühlt sich der Bauch hart an, so ist unbedingt ein Tierarzt aufzusuchen, da der Verdacht besteht, daß sich noch ein Welpe in der Gebärmutter oder im Geburtsweg befindet.
Bei einer beginnenden Gebärmutterentzündung oder auch Verbleiben eines Nachgeburtsrestes im Geburtsweg kommen folgende Mittel zur Anwendung:

Sabina

Sabina, der Sadebaum, fördert die Ausscheidung von Nachgeburt, Nachgeburtsteilen und allen Teilen der Gebärmutterschleimhaut, die nach der Geburt abgestoßen werden müssen, um die natürliche Rückbildung der Gebärmutter zu erreichen. Mit der Ausstoßung dieser Gewebsteile verringert sich auch die Infektionsgefahr.
Dosierung: *Sabina D 3* oder *D 6,* 2 × täglich 1 Dosis.

Lachesis

Lachesis als Infektions- und Fiebermittel hat sich bei Infektionen nach der Geburt bei der Katze sehr bewährt, besonders bei fieberhaftem Verlauf. Man gibt es meist zusammen mit *Sabina* für ca. 5–6 Tage.
Die Wirkung muß innerhalb von 12 bis max. 24 Stunden eintreten, d.h. die Temperatur muß auf Normalwerte sinken, die Tiere müssen Nahrung aufnehmen.
Dosierung: *Lachesis D 8,* 1–2 × täglich 1 Dosis.

Milchmangel

Liegen keine krankhaften Veränderungen vor, so gibt man eine Kombination von *Pulsatilla D 4* und *Phytolacca D 3,* je 2 × täglich 1 Dosis für ca. 4–5 Tage.

Milchstau

Milchstau mit prallem, meist schmerzempfindlichem und heißem Gesäuge kann man mit *Phytolacca D 1* behandeln.
Dosierung: 2–3 × täglich 1 Dosis für 2–4 Tage.

Abb. 23. Eine leichte, problemlose Katzengeburt. Kommt es während der Geburt zu einer Wehenschwäche, kann man mit Caulophyllum, der Frauenwurzel, den Geburtsvorgang regulierend unterstützen.

Daneben ist ein weitgehender Nahrungsentzug anzuraten. Die Aufnahme von Wasser sollte wegen der möglichen Folgen für die Niere *auf keinen Fall* eingeschränkt werden.
Wichtig ist die richtige Potenz, die *D 1,* denn nur in dieser Potenz wirkt *Phytolacca* hemmend auf die Milchsekretion.

Gesäugeentzündung (Mastitis)

Phytolacca

Wenn das Gesäuge hart, gespannt und schmerzempfindlich ist.
Dosierung: *Phytolacca D 6,* 2–3 × täglich 1 Dosis.

Apis

Wenn nur ein oder zwei Gesäugekomplexe sehr stark angeschwollen sind, teigige Konsistenz haben und sich die Tiere kaum berühren lassen.
Dosierung: *Apis D 3* oder *D 4,* 2 × täglich 1 Dosis.

Behandlung von Welpen

Für die Behandlung von Welpen gelten im Prinzip die gleichen Behandlungsgrundsätze, wie sie auch für die erwachsenen Tiere beschrieben wurden.
Einige Mittel jedoch wirken besonders gut bei Welpen, bzw. Welpen entwickeln Krankheitsbilder, die für ganz bestimmte Arzneimittel charakteristisch sind:

Calcium carbonicum

Calcium carbonicum Hahnemannii, der Austernschalenkalk, ist Welpenmittel Nr. 1. Es fördert die Entwicklung, das heißt den Einbau der in der Muttermilch oder Nahrung enthaltenen Nährstoffe, insbesondere den Einbau der Mineralstoffe in den Knochen.
Man kann daher schon neugeborenen Welpen am ersten Tag 1 Globulus *Calcium carbonicum* auf die Zunge geben, um so eine Steigerung der Abwehrkräfte und die bestmögliche Entwicklung zu erreichen.
Calcium carbonicum paßt besonders gut für äußerlich sehr kräftige, eher ruhige und gutmütige Welpen, mit viel Haut, einem großen Hängebauch und gutem Appetit. Die Welpen neigen allerdings zu hellen, säuerlich riechenden Durchfällen infolge von Milchunverträglichkeit sowie zu Blähungen. Bei Überfütterung können sie auch mit Verstopfung reagieren. Mit etwa 3–5 Monaten sind sie anfällig für leichtere, aber immer wiederkehrende Infektionen des Rachens oder der Atemwege.
Dosierung: *Calcium carbonicum D 12,* je nach Alter 1 × täglich 1–3 Globuli oder ½ Tablette.

Silicea

Silicea, die Kieselsäure, ist angezeigt, wenn sich Jungtiere nicht recht entwickeln wollen,

ohne erkennbare Ursache im Wachstum zurückbleiben, schwächlich und kränklich erscheinen. Sie haben wechselnden Appetit, sind ängstlich und schreckhaft, wollen immer im Warmen bleiben. Kleine Wunden heilen schlecht aus.
Dosierung: *Silicea D 12,* je nach Alter 1 × täglich $^1/_2$ bis 1 Dosis.

Ferrum phosphoricum

wurde bereits bei den Infektions- und Fiebermitteln besprochen und ist dort nachzulesen.

Magnesium phosphoricum

wurde bei den Durchfallmitteln beschrieben und ist ebenfalls dort nachzulesen.

Anhang

Liste der im Text genannten Arzneimittel

Aconitum

Aconitum napellus, der Blaue Eisenhut oder Sturmhut, ist das Mittel für die allerersten Symptome zu Beginn einer hochakuten Infektion. Temperatur über 41,0°C, Unruhe, Schreckhaftigkeit, klopfendes Herz, Krankheitsherd noch nicht lokalisiert.
D 4, 2–3 × 1 Dosis im Abstand von $^1/_2$ Stunde.

Apis

Apis mellifica, die Honigbiene, ist ein Mittel für akute, schmerzhafte Entzündungen, die mit Ödembildung oder Schwellung einhergehen. Große Berührungsempfindlichkeit, kühle Umschläge bessern.
Anwendung im Text bei: Bindehautentzündung und Zahnfleischentzündung mit Schwellung, Bläschenbildung auf der Zunge und im Rachen, Gesäugeentzündung mit Anschwellung eines oder einzelner Gesäugekomplexe.
D 3 oder *D 4,* 2–3 × täglich 1 Dosis.

Arnica

Arnica montana, der Wohlverleih oder Bergwohlverleih, wichtigstes Mittel zur Behandlung von frischen Wunden und schmerzhaf-

ten Blutergüssen, bei Schockzuständen und Blutverlusten mit Schwäche und Berührungsempfindlichkeit.
D 4 oder *D 6,* 2–3 × täglich, bei Schock alle 20–30 Minuten 1 Dosis.
Äußerlich: *Arnica extern,* 20 Tropfen auf 1 Eßlöffel Wasser zur Wundreinigung, wirkt schmerzlindernd, heilungsfördernd. Ebenso *Arnica-Salbe* (besonders bei Blutergüssen).

Arsenicum album

Chronischer Schnupfen meist älterer Tiere mit wenig grünlichem Sekret, eingefallenen Augen, Mattigkeit.
Stark faulig riechender Durchfall und Erbrechen nach Aufnahme von verdorbenem Futter.
Schon länger bestehende Blasen-Nierenerkrankung mit zeitweise blutigem Urin und Nierenfunktionsstörung.
Schuppiges Ekzem bei trockener Haut und fettig-filzigem Haar, die Haut riecht unangenehm, meist gleichzeitig Nierenstörung.
Tiere trinken häufig, aber immer nur kleine Mengen, sie wirken matt und teilnahmslos.
D 6 oder *D 12,* 2 × bzw. 1 × täglich 1 Dosis.

Belladonna

Atropa belladonna, die Tollkirsche, ist ein Mittel für akute Infektionen mit Temperaturen über 40,0 °C. Der Krankheitsherd, z. B. ein entzündetes Gelenk oder die Lunge, sind bereits zu erkennen. Tiere sind zunächst eher unruhig, vor allem sehr schmerzempfindlich, später apathisch.
D 4, 2–4 × täglich 1 Dosis.

Berberis

Berberis vulgaris, die Gemeine Berberitze oder der Sauerdorn, ein wichtiges Mittel bei Blasen- und Nierenerkrankungen. Fördert die Ausscheidung und verbessert damit die Nierenfunktion.
D 4, 2 × täglich 1 Dosis.

Borax

Natriumtetraborat (Salz der Borsäure), wird angewandt bei Zahnfleischentzündung mit Bildung von kleinen Geschwüren.
D 3, 2 × täglich 1 Dosis.

Bryonia

Bryonia dioica, die Rotbeerige Zaunrübe oder Teufelsrübe, bei akuter Bronchitis und beginnender Brustfellentzündung mit Fieber, trockenem Husten, Schmerzhaftigkeit bei Berührung und Bewegung, Tiere wollen sich nicht bewegen.
D 4, 2–3 × täglich 1 Dosis, evtl. zusammen mit *Belladonna*.

Calcium carbonicum

Calcium carbonicum Hahnenmannii, der Austernschalenkalk, bei hellen, säuerlich riechenden Durchfällen von Welpen, die durch Unverträglichkeit der Milch entstehen.
Welpenmittel, Knochenaufbau, besonders bei äußerlich kräftigen Tieren mit »viel Fell«, Hängebauch und gutem Appetit, Neigung zu Durchfällen und Erkältungen.
D 12, 1 × täglich ½ Dosis.

Calcium fluoratum

Calcium fluoratum, das Calciumfluorid, bei wiederkehrender Eiterung und Fistelbildung, besonders am Vorderbein.
D 4, 1–2 × täglich 1 Dosis.

Calendula

Calendula officinalis, die Ringelblume, ist ein Mittel für verschmutzte und bereits entzündete, ältere Wunden. Wundreinigung, Wunddesinfektion, Abstoßung von zerstörtem Gewebe, fördert die Ausheilung.
Äußerlich: *Calendula Extern,* 20 Tropfen auf 1 Eßlöffel Wasser (auch bei eitriger Gehörgangsentzündung), *Calendula-Salbe* zur Wundbehandlung.

Cantharis

Lytta versicatoria, die Spanische Fliege (ein Käfer), bei akuten Blasen- und Nierenerkrankungen mit Harndrang, kann den Urin nicht halten, Urin kann etwas blutig sein.
D 4, 2–3 × täglich 1 Dosis.

Caulophyllum

Caulophyllum thalictroides, die Frauenwurzel oder der blaue Hahnenfuß, regt die Wehentätigkeit während der Geburt an und fördert den physiologischen Ablauf der Geburt.
D 4, alle 30–60 Minuten 1 Dosis.

Causticum

Causticum Hahnemannii, aus gebranntem Kalk unter Zugabe von schwefelsaurem Kalium, bei chronischen Gehörgangsentzündungen mit klebrigem Sekret, Schmerzhaftigkeit und Einengung des Gehörganges durch vermehrte Wulstbildung des Knorpels. Behandlungsversuch bei länger bestehenden Hornhauttrübungen.
D 12, 1 × täglich 1 Dosis.

Cepa

Allium cepa, die Küchenzwiebel, bei akutem Schnupfen mit Niesen, Tränenfluß und klarem wässrigem, wundmachendem Nasensekret.
D 3, 2 × täglich 1 Dosis.

Chelidonium

Chelidonium majus, das Schöllkraut, bewirkt eine Steigerung der Gallesekretion und der Leberfunktion, bei Tieren mit relativ hellem, leicht gelblichem Kot und Neigung zu Blähungen.
D 4, 1–2 × täglich 1 Dosis.

Cinnabaris

Cinnabaris, der Zinnober (HgS), ist ein Mittel für den subakuten und chronischen Schnupfen mit weißlichem, schleimigem Sekret.
D 4, 2 × täglich 1 Dosis.

Crataegus

Crataegus oxycantha und *C. monogyna,* der Weißdorn, »Pflegemittel des Herzens« bei älteren Katzen, kräftigt den Herzmuskel.
D 1, 2 × täglich 1 Dosis.

Cuprum aceticum

Cuprum aceticum, das Kupferacetat, bei akuter Bronchitis mit trockenem, quälendem Husten, Kopf und Hals werden nach vorn und unten gestreckt.
D 6, 2–4 × täglich 1 Dosis.

Drosera

Drosera rotundifolia, der Sonnentau, bei akuter Bronchitis mit krampfartigen Hustenanfällen, besonders nachts, beginnendes Rasseln.
D 3, 2–4 × täglich 1 Dosis.

Euphrasia

Euphrasia offinalis, der Augentrost, bei akuter Bindehautentzündung mit Rötung der Bindehäute und wundmachendem Tränenfluß, auch bei frischen Hornhautverletzungen.
D 2, 2–4 × täglich 1 Dosis.
Äußerlich: *Euphrasia extern,* 5 Tropfen auf 1 Eßlöffel Wasser zur Reinigung, wirkt schmerzstillend und entzündungshemmend, ebenso *Euphrasia* Augensalbe.

Ferrum phosphoricum

Ferrum phosphoricum, das Ferriphosphat, gehört zu den Infektions- und Fiebermitteln. Der Verlauf ist nicht so akut, die Temperatur erhöht (39,5°–39,9°C), aber hartnäckig, bzw. wiederkehrend.
Auch ein Mittel für junge, sehr lebhafte, zierliche Tiere, die zu Verdauungsstörungen und Erkältungen neigen.
D 8, 1–2 × täglich ½ bis 1 Dosis.

Graphites

Graphites, der Graphit oder Reißblei, bei chronischen Gehörgangsentzündungen mit honigartigem, klebrigem Sekret. Die Entzündung ist nicht schmerzhaft.
Graphites gilt auch als »Hauptmittel« bei sehr dicken, gefräßigen, äußerst gutmütigen Tieren mit schuppigem, mattem Fell und dem honigartigen Sekret an der Innenseite der Achsel oder den Innenschenkeln.
D 6, 2 × täglich 1 Dosis.

Hepar sulfuris

Hepar sulfuris, Calcium sulfuratum Hahnemannii, ist das Mittel für akute Eiterungsprozesse, die mit hoher Schmerzhaftigkeit und Berühungsempfindlichkeit einhergehen, bei infizierten Wunden, Bißwunden, immer dann, wenn es gilt, die Abkapselung und Austreibung eines eitrigen Sekretes zu fördern. Daher auch Anwendung beim Schnupfen, wenn das eitrige Sekret sich nicht lösen will.
D 8, 2 × täglich 1 Dosis für 1–3 Tage.

Hydrastis

Hydrastis canadensis, die Kanadische Gelbwurz oder Blutwurzel, ein Mittel für den subakuten Schnupfen mit weißlich-gelblichem oder auch leicht blutigem Sekret, das in großen Mengen ständig aus der Nase fließt.
D 4, 2 × täglich 1 Dosis.

Hypericum

Hypericum perforatum, das Johanniskraut, angewandt als *Hypericum-Öl* zur äußerlichen Behandlung von Wunden mit stark schmerzlindernder und auch juckreizhemmender Wirkung.

Ipecacuanha

Cephaelis ipecacuanha, die Brechwurzel, bei akuter Bronchitis mit quälendem Husten, der zu Brechreiz und Erbrechen führen kann, Rasselgeräusche.
Anwendung auch bei Erbrechen, wenn eine Reizung der Magenschleimhaut durch Haare oder sonstige unverdauliche Stoffe angenommen werden kann.
D 4 oder *D 6,* 2–4 × täglich 1 Dosis.

Kalium bichromicum

Kalium bichromicum, das Kaliumdichromat, ist ein Mittel bei subakutem oder chronischem Schnupfen mit weißlichem, stark fadenziehendem Sekret.
D 4, 2 × täglich 1 Dosis.

Kalium jodatum

Kalium jodatum, das Kaliumjodid (KJ), bei trockenem Husten, wenn das Sekret sich nicht lösen will oder die Katze sich nicht recht erholen will.
D 3, 2 × täglich 1 Dosis.

Lachesis

Lachesis, das Gift von *Lachesis mutus,* einer Viper, eines der wichtigsten Infektions- und Fiebermittel bei der Katze, mit Temperatur über 40,0 °C, Verschlimmerung am Morgen, Schwäche, Teilnahmslosigkeit.
Anfangsmittel, es besteht noch *keine* eitrige Sekretion. Die Tiere lassen sich nicht gern im Nacken anfassen, Vergrößerung der Halslymphknoten, besonders links.
D 12 oder *D 8,* 1–2 × täglich 1 Dosis.

Luffa

Luffa operculata, eine aus Mittel- und Südamerika stammende Pflanze, bei akutem und subakutem Schnupfen mit weißlichem Sekret, das teils fließt, teils festsitzt.
D 4, 2 × täglich 1 Dosis.

Lycopodium

Lycopodium clavatum, der Bärlapp, ein wichtiges Leber- und Nierenmittel. Die Tiere fressen schlecht, sind sehr wählerisch, nehmen selten mehrmals das gleiche Futter an. Der Kot ist oft etwas hell, gelblich und fest. Die Tiere sind eigenwillig und launisch. Paßt gut zu Katern mit dem Blasen-Nieren-syndrom, da *Lycopodium* auch Nierenstörung und Grießbildung im Arzneimittelbild hat.
D 12 oder *D 6,* 1–2 × täglich 1 Dosis.

Magnesium phosphoricum

Magnesium phosphoricum, Magnesiumhydrogenphosphat, bei hartnäckigen, hellen, säuerlich riechenden Durchfällen mit starken Blähungen, besonders bei Jungtieren.
D 6, 2 × täglich 1 Dosis.

Mercurius solubilis

Mercurius solubilis Hahnemannii, ein Gemenge von Quecksilberverbindungen, bei starken Schleimhautentzündungen mit Schmerzhaftigkeit und Neigung zu Blutungen. Zahnfleisch- und Rachenentzündungen mit Geschwüren und Bildung von Belägen, Verätzungen der Zunge, die zu Geschwürbildung führen, unangenehmer Geruch aus dem Fang, Durchfälle mit teilweise blutigem Kot, Abgang von Schleimfetzen, After wund und rot. Akute Blasenentzündung mit stark blutigem Urin. Bei der akuten Hornhautentzündung mit heller Trübung und stark geröteter Bindehaut.
D 8, 2 × täglich 1 Dosis.

Myristica sebifera

Myristica sebifera, ein in Brasilien heimischer Baum, bei Eiterungen, die nicht dem Bild von *Hepar sulfuris* entsprechen, weniger schmerzhaft und nicht so akut sind.
D 3, 2 × täglich 1 Dosis.

Natrium muriaticum

Natrium muriaticum, das Kochsalz (NaCl), ein Mittel für Erkrankungen der Haut, häufig der Tiere, die ausschließlich mit Dosenfutter ernährt werden. Die Haut ist schuppig, stark juckend, mit Pustelbildung an den Innenschenkeln und der Innenseite der Achseln. Die Tiere sind meist aggressiv gegen Artgenossen.
D 12 oder *D 6,* 1–2 × täglich 1 Dosis. Futterumstellung!

Nux vomica

Strychnos nux-vomica, die Brechnuß, bei Verdauungsstörungen nach Aufnahme von zuviel, nicht geeignetem oder falsch zusammengesetztem Futter mit hartem, schmerzhaftem Bauch, aufgekrümmtem Rücken, Blähungen, Erbrechen, Durchfall, aber auch Verstopfung *mit* Kotdrang.
D 6, 2–4 × täglich 1 Dosis.

Phytolacca

Phytolacca decandra, die Kermesbeere, ein Mittel für Drüsenerkrankungen, besonders der Milchdrüse.
Bei Milchstau mit hartem, schmerzhaftem Gesäuge: *Phytolacca D 1,* 2–3 × täglich 1 Dosis.
Bei Gesäugeentzündung: *Phytolacca D 6,* 2 × täglich 1 Dosis.
Bei Milchmangel: *Phytolacca D 3,* 2 × täglich 1 Dosis.

Plumbum aceticum

Plumbum aceticum, das Bleiacetat, bei Verstopfung und Kotanschoppung *ohne* Kotdrang.
D 6, 2 × täglich 1 Dosis.

Podophyllum

Podophyllum peltatum, der Maiapfel oder Entenfuß, bei stark wässrigen Durchfällen, bei denen der Kot aus dem After schießt mit Abgang von Blähungen.
D 6 oder *D 8,* 2 × täglich 1 Dosis.

Pulsatilla

Pulsatilla pratensis, die Wiesenküchenschelle oder Kuhschelle, ein Mittel für sehr anhängliche, liebebedürftige, meist weibliche Tiere. *Pulsatilla* fördert die Erweiterung des Geburtsweges und wirkt regulierend auf die Eierstockfunktion ein. Man gibt es daher 4–5 Tage vor der Geburt, um eine optimale Vorbereitung des Gewebes und damit eine leichte Geburt zu erreichen.
Pulsatilla wird auch angewandt beim Schnupfen und bei der Gehörgangsentzündung, wenn das Sekret gelblich-grünlich und *nicht* wundmachend ist.
D 4, 2× täglich 1 Dosis.

Sabal serrulatum

Serenoa repens, die Zwergpalme, bei Erkrankungen der Blase mit starkem Harndrang, wenn kein oder nur tropfenweise Urin kommt. »Homöopathischer Katheter«.
D 3, 2–5 × täglich 1 Dosis.

Sabina

Juniperus sabina, der Sadebaum, bei beginnender Gebärmutterentzündung und Verbleiben von Nachgeburtsteilen in der Gebärmutter nach der Geburt. Fördert die Austreibung des abzustoßenden Gewebes.
D 3 oder *D 6,* 2 × täglich 1 Dosis.

Silicea

Silicea, die Kieselsäure, ein Mittel bei schlecht heilenden Wunden, wenn die Eiterung nachgelassen hat oder vorbei ist, zur Ausheilung von Abszessen.
Silicea ist aber auch ein Mittel für Jungtiere, die ohne erkennbaren Grund in der Entwicklung zurückbleiben, nicht recht wachsen wollen. Sie sind meist sehr zierlich, ängstlich, neigen zu Blähungen.
D 12 oder *D 6,* 1–2 × täglich 1 Dosis.

Solidago

Solidago virgaurea, die Goldrute, regt die Nierentätigkeit sehr stark an. Man gibt es bei Infektionen im Nierenbecken-Nierenbereich und bei Funktionsstörungen der Niere.
Dosierung: *Solidago D 2,* 2× tägl. 1 Dosis.

Sulfur

Sulfur, der sublimierte Schwefel, ist das wichtigste Mittel bei Hauterkrankungen, wenn der Fellwechsel verzögert eintritt, die Unterwolle sich nicht lösen will, der Fellwechsel zu lang andauert, das Fell stumpf ist, die Haare sich fettig anfühlen und zum Verfilzen neigen, besonders entlang der Rükkenlinie. Die Katzen riechen auch stärker.
Sulfur D 12, 1 × täglich 1 Dosis für 5–10 Tage, oder auch *Sulfur D 30* als Einzeldosis, um die Reaktionsbereitschaft anzuregen.

Literaturverzeichnis / Literaturhinweise

Gebhard, K.-H. (Hrsg.): Beweisbare Homöopathie, 1. Auflage, Karl F. Haug Verlag, Heidelberg 1980

Kraft, W. u. Dürr, U. M.: Katzenkrankheiten, Verlag M. u. H. Schaper, Hannover 1978

Mezger, J.: Gesichtete Homöopathische Arzneimittellehre, Band 1 u. 2, 4. Aufl., Karl F. Haug Verlag, Heidelberg 1977

Müller, R.: Wirksamkeitsnachweis homöopathisch aufbereiteter Verdünnungen im biochemischen Versuch aus: »Der praktische Tierarzt«, Collegium veterinarium 4/85, Schlüter'sche Verlagsanstalt und Druckerei, Hannover

Nash, E. B.: Leitsymptome in der Homöopathischen Therapie, 6. Auflage, Karl F. Haug Verlag, Heidelberg 1959

Wiesenauer, M.: Homöopathie, ein individueller, schonender Weg zur Heilung, 2. Auflage, Hippokrates Verlag, Stuttgart 1983

Wiesenauer, M.: Homöopathische Heilmittel, 2. Auflage, Hippokrates Verlag, Stuttgart 1984

Wolter, H. (Hrsg.): Homöopathie für Tierärzte, Band 1 und 2, Schlüter'sche Verlagsanstalt und Druckerei, Hannover 1978 u. 1980.

Sachregister